köstlich frische

Salate als Vorspeise

Olli Leeb

5.Auflage 1999 **ISBN 3-921799-58-9**

Grafik: Kerrin von Carnap 82057 Icking
Exclusiv-Fotos: Christian Teubner 87629 Füssen
Druck und Bindung: Ludwig Auer GmbH 86609 Donauwörth

Schutzklappen: Gebrauchsmusterschutz eingetragen

Printed in Germany

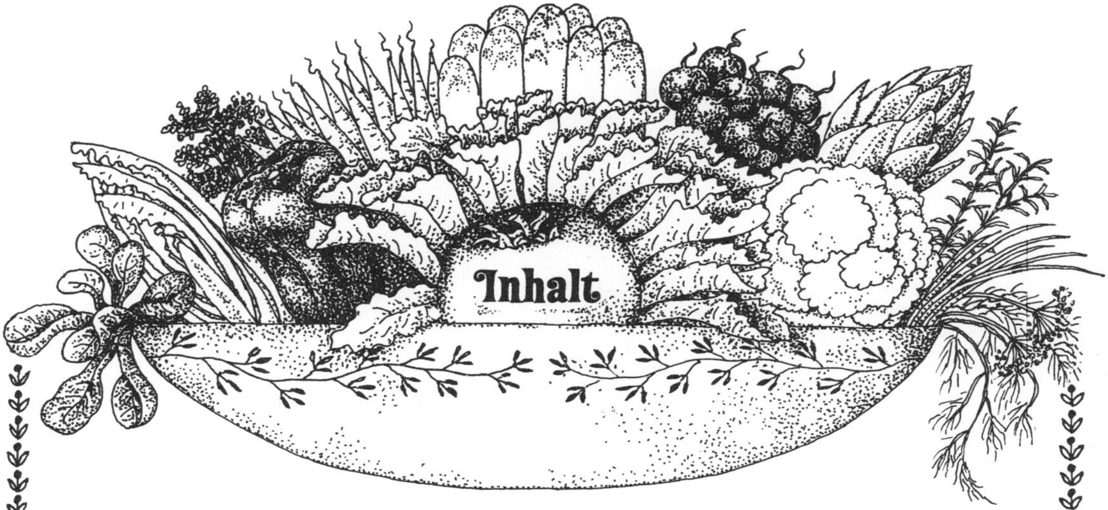

Inhalt

Vorwörtliches

Was bedeutet eigentlich der Begriff **Salat ?** Versteht man darunter die Pflanzenbezeichnung, die sich im Wort "Lat"tich verbirgt oder ist damit die Zubereitungs a r t gemeint,nämlich das ursprüngliche Ein"sal"zen der grünen Gemüse,die auf diese Weise zum "Salat" wurden.

Darüber können die Meinungen verschieden sein,eines steht jedoch fest,daß vieles was heute mit Salat bezeichnet wird,wenig damit zu tun hat. Immerhin sind wir schon soweit aufgeklärt,daß Frischkost wichtig ist um uns gesund,schlank und fit zu halten. Erstaunlicherweise wissen aber nur wenige Menschen von der richtigen Zubereitung der grünen,gelben,weißen, roten und violetten Geschenke der Natur,die uns heute das ganze Jahr hindurch zur Verfügung stehen.

Vielleicht liegt es daran,daß man ausnahmsweise nicht in Großmutters Kochbuch nachsehen kann,denn von Joule,Mineralstoffen und Vitaminen konnte die Gute ja noch keine Ahnung haben.

In diesem Buch finden Sie nun alle bei uns erhältlichen

g e w a c h s e n e n   S a l a t e.

Frisch und köstlich zubereitet werden sie auch bei denen Anklang finden,die bisher Salat nur als "Kaninchenfutter" bezeichnet haben.

Nehmen Sie verschiedene Salate als Vorspeise,sie regen die Verdauung an und machen nicht so müde wie Suppen oder eine deftige Vorspeise. Kinder können zu Salatessern erzogen werden,wenn man sich auf ihren Geschmack einstellt. Das soll aber nicht heißen,daß Sie die Kleinen an gezuckerte Salate gewöhnen und damit für später eine falsche Ernährungsrichtung festlegen. Bei den Rezepten finden Sie jeweils Hinweise was Kinder gerne essen.

Einen kleinen Tip für die Hausfrau: überlassen Sie gelegentlich das Mixen der Salat-Soße dem Partner,damit auch er seine kreative Seite zeigen kann und daß er Ihre noch besser schätzt!

Ein Problem sei nicht verschwiegen. Der Salat macht sich nicht von selbst an. Wenn Sie aber die angegebenen praktischen Tips befolgen,können Sie auch ohne größeren Zeitaufwand köstlich frische Salate bereiten!

Zur 5.Auflage
Dieses Vorwort wurde bereits am 8.März 1978 zur 1.Auflage geschrieben, seiner Zeit damals weit voraus - so daß es heute in keinem Punkt einer Änderung bedarf. Inzwischen wurde die Nachfrage nach Bio-Salaten sehr groß und jetzt selbstverständlich. Auch ist die Empfehlung, den Salat als Vorspeise zu nehmen bereits in den Restaurants üblich geworden. Diese Auflage ist nun um etliche Rezepte erweitert worden, die mit "ein bißchen was drauf" zur köstlichen Vorspeise werden können und dazu wünsche ich Ihnen guten Appetit!

Zum Gebrauch des Buches:

Damit Sie schnell jedes gewünschte Rezept finden, ist die Umrandung der Seiten jeweils in der Farbe der Salatsorte bedruckt, so zum Beispiel

Tomatensalat	-	rot
Kopfsalat	-	grün
Rotkraut	-	violett

Gemüsesorten, die geschält werden müssen, sind nach ihrer Innenfarbe eingeordnet, z.B.

Schwarzwurzel	-	weiß
Sellerie	-	weiß
Melone	-	gelb

Das Inhaltsverzeichnis der Rezepte finden Sie auf der ersten Farbseite jeder neuen Rubrik. Alphabetisch nachschlagen können Sie die Rezepte und Stichwörter auf den letzten Buchseiten. Um das Buch vor Ölspritzern und anderen Flecken sicher zu schützen, können die Schutzklappen aus Klarsichtfolie über die Seiten gebreitet werden. Außerdem bleibt so das Buch auch schön offen liegen. Die Rezepte sind so übersichtlich geschrieben, daß Sie sofort, ohne nochmaliges Lesen, mit der Zubereitung beginnen können. Links stehen die Zutaten, rechts die genaue Zubereitung. Für den Gesamtüberblick extra angeordnet, eine Tabelle für Joule-, Fett- und Vitamin-Angaben. Nachdem in der Salatküche die Vorbereitung groß geschrieben wird, folgen nun einige wichtige Ausdrücke und Tips.

Abpellen — schälen, z.B. von Kartoffeln

Abtropfen
Ausschleudern — den gewaschenen Salat zwischen zwei Sieben oder in einem Sieb mit Tuch abgedeckt durchschütteln, damit das noch anhaftende Wasser abtropfen kann. Oder aber Sie benützen eine Salatschleuder.

Abschrecken	heißes Gemüse kurz kalt abbrausen.
Auspalen	z.B. Erbsen,mit dem Daumen Samenkerne aus der Schote herausstreifen.
Bio	Vorsilbe für natürlich gewachsene Pflanzen ohne chemische Spritz- und Düngemittel.
Blanchieren	Gemüse kurz in kochendes Wasser tauchen, dann schnell kalt abbrausen.
Feinschneiden	halten Sie das Schneidegut fest zusammen, nehmen Sie ein langes,scharfes Messer,halten Sie dieses leicht schräg nach unten und schneiden Sie immer nach außen (weg vom Körper). So geht es schnell und sicher.
Hobeln	auf einem Gurken- oder stabilen Krauthobel. Ergebnis: feine oder dickere Scheiben.
Raffeln	mit einer Rohkostreibe oder einer Maschine. Ergebnis: längliche Streifchen.
Raspeln	mit einer Rohkostreibe oder Maschine. Ergebnis: feiner als Raffeln,aber gröber als Reiben.
Reiben	auf dem Reibeisen oder in der Maschine. Ergebnis: kurze,dünne Streifchen.
Schälen,Pellen	Schale von Kartoffel etc. dünn entfernen.
Stifteln	erst dünne Scheiben schneiden,aufeinanderlegen und dann in Streifchen teilen.
Verrühren	Salatzutaten langsam verrühren,damit die Soße dünnflüssig bleibt.
Verschlagen	Zutaten werden mit dem Schneebesen verschlagen,wenn Soße sämig oder dick werden soll.

Zeichenerklärung

EL	Esslöffel (gestrichen voll)	g	Gramm
Tl	Teelöffel (gestrichen voll)	l	Liter
M	Maggi-Würze flüssig	Msp.	Messerspitze
V	Vitam flüssig aus dem Reformhaus		

Der Einkauf

Frische Ware ist bei allen Lebensmitteln das Wichtigste. Sei es im Hinblick auf den gesundheitlichen, geschmacklichen oder optischen Wert. Bei keinem anderen Lebensmittel fällt die Frische so offensichtlich ins Auge wie bei grünem Salat. Z u m G l ü c k ! So sieht man gleich wie "wertvoll" dieser noch ist. Denn schon bei relativ kurzer Sonnenbestrahlung und Lagerung in Wärme verringert sich der Vitamin C-Gehalt erheblich. Selbst der biologisch aufgezogene Salat ist davor nicht geschützt.

Damit sind wir bei dem nächsten wichtigen Punkt, nämlich dem nicht chemisch gespritzten Salat und Gemüse. Inwieweit "Bio"-Ware in den einzelnen Orten erhältlich ist - kann nicht übersehen werden. Jedenfalls sollte der Konsument nicht müde werden, danach zu fragen. Kaufen Sie Salat der Jahreszeit entsprechend. Im Sommer vorwiegend was über der Erde wächst, im Winter sind zusätzlich Knollen und Wurzeln wichtig, um die vitaminärmere Treibhausware aufzuwerten.

Wenn Sie beim Salatputzen einmal ein kleines Schnecklein entdecken,freuen Sie sich darüber,denn das ist noch ein Salat wie aus Tante Frieda's Schrebergarten - ganz natürlich!

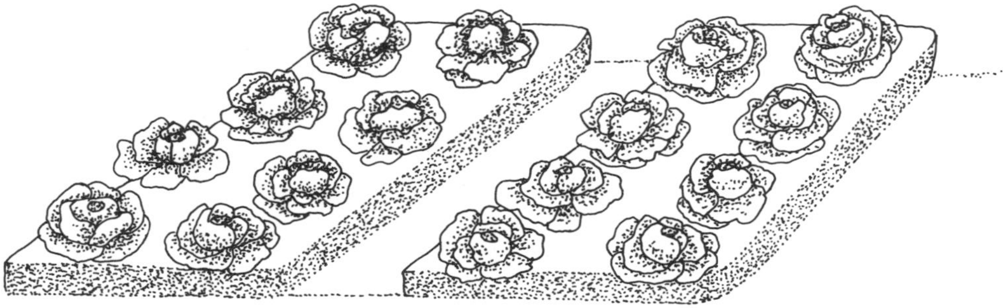

Sollten Sie Ihren "Einkauf" im eigenen Garten tätigen können, so nutzen Sie unbedingt die Möglichkeit,in der kühlen Tageszeit zu ernten,wenn die Salatköpfe noch nicht von der Sonne "gekocht" sind.Diesen Vorteil sollten Sie sich nicht entgehenlassen!

Die Salatzutaten

* Anis (getrocknete Samen der Pimpinella anisum L.)

* Apfelessig (Obstessig,Gärungsessig)
  aus ganzen Äpfeln,ca. 5% Säure,verträglicher als Zitronensaft.

* Biosmon
  ein ausgeglichenes Mineralgemisch zur Aufwertung des üblichen Leitungswassers.

* Cayennepfeffer (Capsicum frutescens)
  gemahlene,getrocknete Chillischoten.

* Chillischoten in Öl
  sehr scharf,sparsam verwenden.

* Curry
  Mischung aus verschiedenen Pfeffersorten,Curcuma und anderen Gewürzen. Guter Curry besteht aus mindestens 14 Gewürzsorten. Er ist kreislaufunterstützend vor allem bei salzarmer Diät und wirkt appetitanregend.

* Dajong,Chinagewürz
  hat besonderes Aroma,das nicht nur für östliche Salate geeignet ist.

* Eier
  möglichst nestfrische von Auslaufhennen bevorzugen,die auf natürlicher Bodenhaltung aufgezogen werden.

* Essig
  sollte in verschiedenen Sorten vorrätig sein.Bevorzugen Sie milden aromatischen Gärungsessig aus Weiß-und Rotwein oder Obstessig (s. Apfelessig). Einfacher Essig hat nur 10-2o% Weinessiganteil und besteht im übrigen aus Branntweinessig.

* Estragonessig
  gibt es im Handel. Selbstherstellung siehe Kräuteressig.

* Fondor
  Streuwürze aus pflanzlicher Stärke,Würze und tierischem Fettanteil,Kochsalzgehalt 40 - 43%.

* Glutamat
  Salz aus pflanzlichem Eiweiß,hebt den Eigengeschmack der Speisen indem es unsere Geschmackspapillen erweitert.

* Hefeflocken
  im Reformhaus erhältlich,Würzmittel für Bio-Salate.

* Ingwer (Zingiber officinale Roscoe)
  Seitenwurzelstock einer asiatischen Schilfpflanze. Zu Salaten frisch gerieben oder in Pulverform verwenden. Darmschonend,verdauungsunterstützend.

* Joghurt
  besonders Magerjoghurt senkt bei "dickeren" Salatsoßen den Joule-Anteil.

* Kapern (Capparis spinosa)
  Blütenknospen eines südlichen Strauches,in Salzlake oder Essig eingelegt. Am besten Ware aus Gläsern.

* Ketchup siehe Tomatenketchup

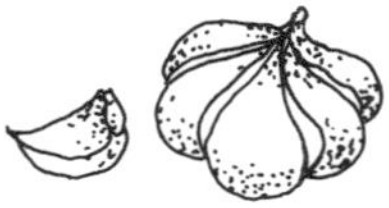

* Knoblauch (Allium sativum)
  Es gibt ausgesprochene Knoblauch - Liebhaber und Gegner. Nur wer Knoblauch gerne ißt und verträgt,sollte ihn verwenden. Man drückt die geschälten Zehen durch eine Knoblauchpresse oder verreibt sie kleingehackt mit etwas Salz zu Mus. Immer nur frisch verwenden! Alle Gegenstände und Finger erst kalt abspülen damit der Geruch nicht anhaftet.Knoblauch wirkt blutdrucksenkend,blutreinigend und hilft gegen Verkalkung.

* Koriander (Coriandrum sativum L.)
  kleine runde Früchte einer Mittelmeerpflanze. Frisch gemahlene Körner helfen Kohlsorten leichter zu verdauen.

* Kräuter siehe Salatkräuter S. 17

* Kräuteressig
  verschiedene Sorten erhältlich. Zur eigenen Herstellung frische,trockene saubere Zweige in roten,weißen Wein- oder Obstessig stecken. Gut verschließen. Nach 8 Tagen Kräuter entfernen. Geeignet Estragon,Rosmarin,Liebstöckel,Bohnenkraut,Thymian,Zitronenmelisse oder Minze,je nach Geschmack einzeln oder einige Sorten gemischt.

* Kümmel (Carum Carvi)
  an schwere Kohlsalate der Verdauung wegen. Galleanregend.

* Macis oder Muskatblüte (Myristica fragans Houtt.)
  gemahlener Samenmantel der Muskatnuß,feines Gewürz.

* Maggi-Würze flüssig
  wird ausschließlich aus pflanzlichen Rohstoffen hergestellt. 5 Tropfen enthalten bis 0,05 g Kochsalz. Ohne Konservierungsstoffe.

* Majonnaise
  Majonnaise selbstgemacht Rezept S.17o.Sonst nur Delikatessmajonnaise im Glas aus Frischei ohne Dickungsmittel wählen.

* Majoran (Majorána hortensis)
  getrocknet,sparsam dosiert sehr feines Aroma. Magenstärkend.

* Meerrettich,Kren (Amoracia rusticana)
  gerieben in Gläsern erhältlich als Reserve. Sonst frisch verwenden,siehe Rubrik weiß. Gut für Nerven und Magen.

* Muskatnuß (Myristica fragans Houtt.)
  Samenkern der Muskatfrucht,in Muskatmühle frisch gemahlen verwenden. Weiße Kalkschicht entfernen. Nervenstärkend.

* Öl
  sorgfältig auswählen! Samenöle sind einem schweren Olivenöl in unseren Breitengraden vorzuziehen. Erdnußöl für chinesische Salate. Sonnenblumenkernöl gut, aber nicht so neutral im Geschmack wie Maiskeimöl.An der Spitze der Öle mit den

meisten mehrfach ungesättigten Fettsäuren steht das Distelöl. Keine Plastikflaschen!

* Oliven
käuflich in grün oder schwarz in Salzlake eingelegt. Besser in Gläsern als in Plastikverpackung.

* Oregano (Origanum vulgare)
getrocknete Blätter des wilden Bergmajorans. Nicht an Stelle von anderem Majoran verwendbar.

* Paprika,Gewürzpaprika (Capsicum annuum),spanischer Pfeffer
kleine getrocknete rote Paprikaschoten gemahlen. Nach der Dicke der Schale und der Mitverwendung der Samenkerne richtet sich der Schärfegrad. Delikatess - ganz mild,Edelsüß - mild-würzig,Rosenpaprika - scharf. Kreislaufanregend.

* Petersilienwurzel
verleiht gerieben mancher Salatsoße eine pikante Note.

* Pilz-Sojasoße
in Flaschen. Flüssige Würze aus Sojabohnen und Pilzen.

* Pfefferkörner
sollten Sie in verschiedenen Sorten im Vorrat haben. Nicht nur weißen und schwarzen,auch marokkanischen,Zitronen- und als etwas besonderes - Szechuan-Pfeffer.

* Quark auch Magerquark für Soßen.

* Rotweinessig
aus reinem Rotwein ist fein und aromatisch.

* Sambal
Mus aus Peperoni mit Samen in Öl,sehr scharf!

* Safran (Crocus sativus)
vor allem für Reissalate geeignet,magenstärkend und beruhigend.

* Sahne, Rahm
  wird süß oder sauer für feine Salatsoßen verwendet.

* Salz
  einfaches Vollsalz zum Salatwaschen. Für Würzzwecke Meersalz sparsam, Knoblauch- oder Selleriesalz verwenden.

* Schalotten (Allium Ascalonicum)
  feinste, flache oder auch längliche, rotbraune, kleine sehr aromatische Zwiebelsorte.

* Selleriesalz
  aus gemahlenen Selleriesamen mit Kochsalz vermischt. Besseres: Sellerieknollen schonend getrocknet und pulvrisiert.

* Senfpulver, englisches
  wird erst in Verbindung mit Flüssigkeit scharf. Ganz vorsichtig dosieren. In gelb und grün in Apotheken erhältlich.

* Senf süß
  durch die braunen Samenkörner dunkler als französischer.

* Senf französisch
  scharfer heller Senf, Samen sind weiß bis hellgelb und gemahlen. Zu Salat am besten französischer Kräutersenf.

* Sojasoße
  gibt es in verschiedenen Fabrikaten auch im Reformhaus.

* Tabasco
  dünnflüssige, scharfe Chillisoße, tropfenweise verwenden.

* Tomatenketchup
  sämige Tomatensoße aus Tomatenmark, Essig, Kräutern und Zitrone.

* Vitam
  flüssige Würze auf Hefebasis. Im Reformhaus erhältlich.

* Walnüsse
  für besondere Salate halbiert oder gehackt verwenden.

* Weinessig
  aus reinem Weißwein mit feiner Säure.

* Ziegenkäse für Balkansalate.

* Zimt (Cinnamomum ceylanicum)
  von der Borke befreite Innenrinde des Zimtbaumes,gemahlen oder als Stange in einem Stück zu verwenden (z.B. im Sud).

* Zitrone
  muß auch für die Bereitung von Saft eine unbehandelte Schale besitzen. Eine geschlossene Presse z.B. drückt die behandelte Schale mit aus.

* Zwiebel (Allium cepa)
  sollten Sie in verschiedenen Sorten vorrätig haben,milde-weiße,besonders vitaminreiche rote-violette,gelbe Gemüse-zwiebel,einfache Würzzwiebel,Schalotten und Zwiebelröhrchen. Nie auf Vorrat hacken oder schneiden,bekommen durch Stehen-lassen einen penetranten Geschmack und Geruch. Zwiebel kann großzügig geschält werden,da der wichtigste Teil ganz innen steckt. Luftig aufbewahren. Zwiebel wirkt antibakteriell.

Das Aufbewahren der Gewürze

sollte unbedingt in dunklen Gläsern geschehen. Selbst roter Paprika und gelber Curry würden sonst blaß werden. Gewürze in angebrochenen Tüten immer gleich in Gläser umfüllen. Plastikbehälter sind für scharfe Gewürze nicht geeignet.

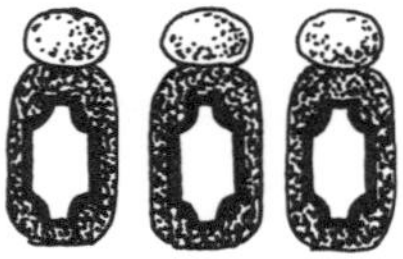

Kleine Salatkräuterkunde

* Bärlauch (Allium ursinum L.)
mit leichtem Knoblauchgeschmack,wird sehr fein geschnitten. Gegen Bluthochdruck,Brustverschleimung und Arteriosklerose.

* **Basilikum (Ocimum basilicum L.)**
groß- und kleinblättrig.Beide Sorten sind gleich würzkräftig.Für südliche Salate. Magen-und darmberuhigend.

* Bohnenkraut (Satureja hortensis)
auch Pfefferkraut,Kölle.Sparsam dosieren. Magenfreundlich.

* Borretsch (Borago officinalis L.)
Gurkenkraut,Blätter vor der Blüte verwenden.Blüte eßbar. Getrocknet ohne jedes Aroma. Gutes Fiebermittel.

* Brennessel (Urtica dioica)
Verwendung finden nur junge Blätter ohne Stiele. Kleingeschnitten zur Aufwertung an andere Salate oder zu Salat S.44 verwenden. Gegen Blutarmut und Harnsäure.

* Brunnenkresse (Nasturtium officinalis)
junge Pflanzen verwenden,sonst zu herb. Große Stengel entfernen. Unter andere Salte mischen oder nach Rezept S.38 zubereiten. Gut bei Magenschwäche und Zahnfleischentzündung.

* Dill (Anethum graveolcus)
frisches Grün und auch Samen an Kohl-und Gurkensalate zur leichteren Verdauung. Dill wirkt drüsenanregend.

* Estragon (Artemisia dracunculus)
zarte Blättchen und Triebe frisch und auch in Essig eingelegt sparsam an Salate verwenden. Wirkt blutreinigend, appetitanregend und hilft gegen Gedächtnisschwäche.

aus dem Kräutergarten

Liebstöckl
Bohnenkraut
Basilikum
Dill
Schnittlauch
Pimpinelle
Rosmarin
tronenmelisse

* Gänseblümchen,Maßliebchen (Bellis perennis L.)
junge Blättchen in Wildsalat oder feingehackt an andere Salate. Blutreinigende Wirkung bei Hautleiden.

* Kapuzinerkresse (Tropaeolum majus L.)
enthält ein nach Prof.Dr.WINTER,Köln,entdecktes,dem Penicillin verwandtes Antibioticum. Die jungen Blättchen kommen kleingeschnitten zur Aufwertung an Treibhaussalate. Blüten und Wurzeln sind eßbar. Guter Schutz gegen Darminfekte.

* Kerbel (Anthriscus crefolium)
paßt zu Tomatensalat und Kräutersoßen. Wirkt entschlackend.

* Liebstöckel (Levisticum officinale Koch)
auch Maggikraut genannt,frisch gehackt an Salate.Kann auch getrocknet werden und hält das Aroma relativ gut. Sparsam verwenden würzt stark! Magenfreundlich,harntreibend.

* Löwenzahn (Taraxacum officinalis)
wildwachsend,nur zarte Blätter verwenden,sonst zu bitter. In Mischung von Wildsalaten beigeben oder zubereiten wie Gartenlöwenzahn. S.37. Löwenzahn ist ein gutes Lebermittel.

* Majoran (Majorana hortensis)
einheimisches Würzkraut,frisch sehr intensiv. Sparsam dosieren.Wirkt magenstärkend, krampflösend und anregend auf das Nervensystem.

* Minze (Mentha hortensis)
auch krause Minze. Gehackt an Salate am besten mit Petersilie vermischt. Feiner im Geschmack als Pfefferminze. Appetitanregend und entspannend für die Galle.

* Petersilie (Petriselium sativum und hortense Hoffm.)
bekanntes Würzkraut,glatte und krause Sorte.Glatte Petersilie ist aromatischer,krause mehr zur Garnierung. Nicht aufbewahren,auch nicht in Salatsoßen geben,die aufbewahrt werden,sonst werden diese bald sauer. Frische Petersilie großer Vitaminträger. Wirkt blutbildend,harntreibend und entwässernd.

* Pimpinelle (Pimpinelle saxifraga L.) Bibernelle,Pimpernelle am besten in Salatkräutermischung. Alleine verwendet,kann sie auch direkt in die Salatmarinade. Wie Petersilie nicht lange haltbar. Getrocknet nicht verwendbar. Wirkt steinbrechend und asthmalösend.

* Portulak (Portulaca oleracea u. sativa) frisch gehackt an andere Salate geben oder die Zweiglein vor der Blüte als eigenständigen Salat anmachen. Kann nicht getrocknet werden,besser in Essig einlegen.Gegen Sodbrennen.

* Rosmarin (Rosmarinus officinalis) die Nadeln feinstgehackt oder zerstoßen an südliche Salate. Herz- und nervenstärkend,Magentonikum.

* Salbei (Salvia officinalis) passt in kleiner Menge in Kräuteressig. In die Salatkräutermischung genügt ein halbes der filzigen haarigen Blätter. Munddesinfizierend,schweißhemmend.

* Sauerampfer (Rumex acetosa) wilde und im Garten gezogene Sorten zu anderen Salaten kleingeschnitten oder in Wildsalate zu verwenden. Blutreinigend und appetitanregend. Bei Reizhusten heilsam.

* Schnittlauch (Allium schoenoprasum) wird feingeschnitten (nie gehackt) erst vor dem Servieren auf den Salat gestreut. Nicht in der Soße ziehen lassen. Nicht zum Aufbewahren geeignet,wird schnell faul. Blüte wirkt entwässernd,kann auf fertigen Salat aufgestreut werden.

* Thymian (Thymus vulgaris L.) Quendel passt zu Nachtschattengewächsen: Auberginen,Tomaten,Kartoffeln. Blättchen und Triebe gehackt verwenden. Wirkt desinfizierend für Mund und Rachen und gegen Krampfhusten.

* Tripmadam (Sedum reflexum) Mauerpfeffer,Steinkraut frisch die speckigen Blättchen klopfen,in Salatsoße geben. In Essig einlegen,nicht zum Trocknen geeignet.

* Ysop (Hyssopus officinalis)
  selteneres aromatisches Salatkraut mit Bitterstoffen, nur junge Triebspitzen und Blättchen verwenden.

* Zitronenmelisse (Melissa officinalis L.)
  zwei Arten,wildwachsende mit dunkleren Blättern und Gartenmelisse mit matten hellen Blättern. Letztere ist im Geschmack viel feiner. (Riecht nach frischer Zitrone.) Zum Trocknen geeignet. Nervenstärkend,beruhigend und belebend.

Das Aufbewahren der Salat-Kräuter

Eigentlich sollte man gar nicht vom Aufbewahren sprechen, denn nur frisch sind Salatkräuter wirklich wertvoll.

Nicht jeder hat jedoch eine Gartenecke oder auch einen Balkonkasten,um sein Kräutlein frisch ernten zu können. Die gebräuchlichsten Sorten bekommt man das ganze Jahr über frisch, so z.B. Petersilie,Dill und Kresse. Bei gekauften Kräutern empfiehlt es sich,den Bindfaden oder Gummi gleich zu lösen. Die abgebundenen Kräuter verwelken sonst allzuschnell.

Um im Winter auch mit anderen Kräutern würzen zu können, werden diese in der Saison kleingehackt im Eiswürfelbehälter tiefgefroren. Die Würfelchen werden einzeln abgepackt. Bei Bedarf gibt man eines an die Salatsoße.

Wenn Sie Salatkräuter nur kurz aufbewahren wollen,stecken Sie diese in einen Frischhalte- oder noch besser in einen Gefrierbeutel und legen Sie diesen fest verschlossen in den Kühlschrank. Bereits kleingehackte Kräuter können Sie mit Öl in ein dunkles Schraubglas füllen und im Kühlschrank 3-4 Tage aufheben. Bei Bedarf einen Esslöffel unter die Salatsoße mischen.

Auch getrocknete Kräuter müssen in einem dunklen Glas aufbewahrt werden,um so ein Verblassen der Farbe zu verhindern. Getrocknete Kräuter sollen erst in der Salatsoße durchziehen, damit sich ihr Aroma voll entfalten kann.

Die Mengenangabe

Nachdem es große und kleine Salatfreunde gibt, ist es schwierig genaue Angaben über Personenzahl und Salatmengen zu machen. Im Schnitt sind die Rezepte für ca. 4 Personen berechnet,wenn 1 bis 2 Salatsorten serviert werden.

Sicher wissen Sie als gute Salatköchin oder Salatkoch,welche Mengen aufgegessen werden und welche nicht. Und wenn der Salat gut schmeckt - wird sowieso nichts übrig bleiben! Frischsalat darf nie zubereitet aufgehoben werden,denn er wird nicht nur unansehnlich,sondern auch völlig wertlos.

Messen Sie z.B. bei Blattsalaten an Ihrem Salatsieb die Menge ab,die für Ihren Haushalt zutrifft. Für andere Salate,die z.B. gehobelt oder geraffelt werden,verwenden Sie zweckmäßigerweise immer die selbe Schüsselgröße. Bitte beachten Sie:

Gutes Handwerkszeug

Rüben - und Kartoffel-Schäler

kleine Reibe für Muskatnuß

kleines Schneidbrettchen

Kartoffel-ausstecher

dunkle Gläschen für Gewürz

Buntmesser (rostfrei) für Rote Bete und Sellerie

großes rostfreies Messer zum Schneiden, kleines zum Putzen

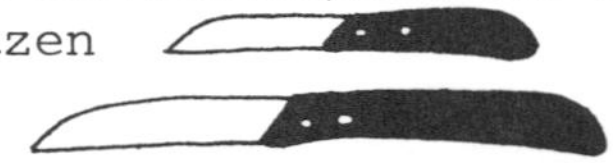

Gurken- und Krauthobel

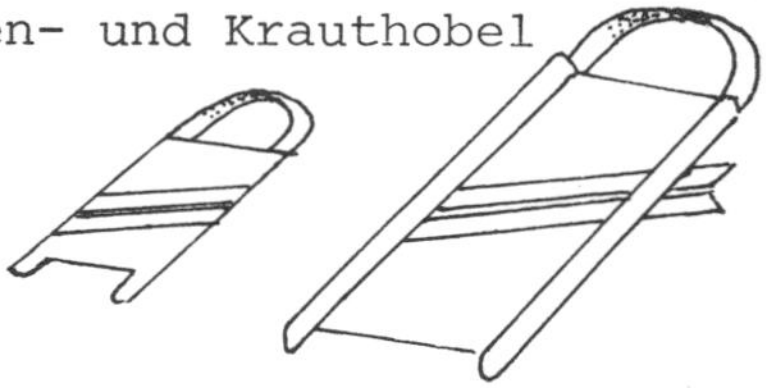

Rostfreies Tomatenmesser

Rohkostreiben (rostfrei)

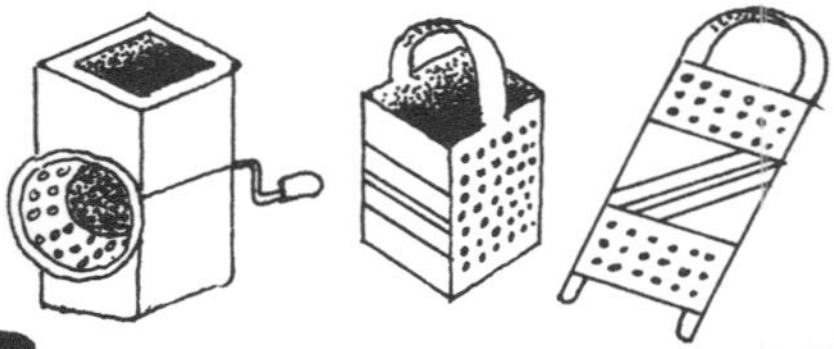

Zwiebel-schneider

große Plastikschüssel zum Salat-waschen

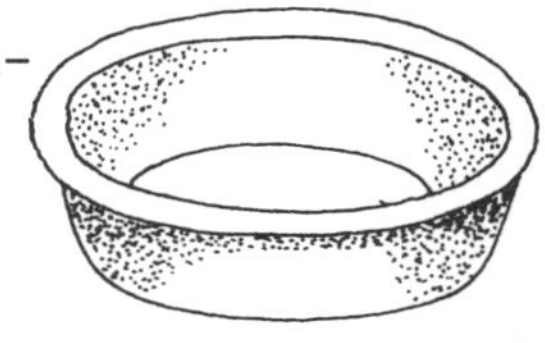

Küchencrepp

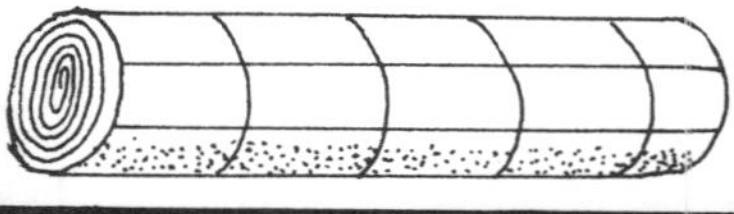

je 1 Ess- und Teelöffel

normal-große Tasse zum Abmessen.

Eier-schneider

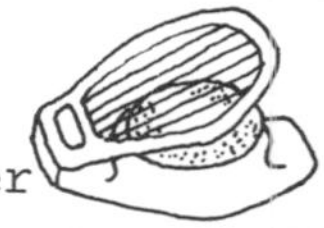

zur Salatbereitung

Schneebesen

oder

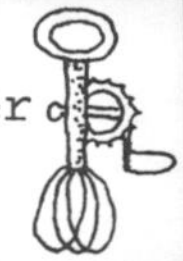

Schneerädchen

Pfeffermühle, die man leicht füllen kann

2 Salatsiebe oder ein Schwingel

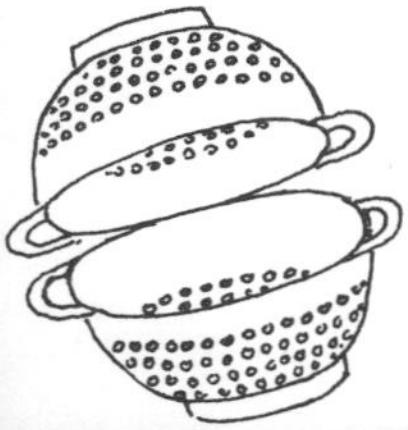

Salatbestecke in verschiedenen Größen ohne schwere Griffe, die leicht aus der Schüssel kippen.

Kartoffeldämpfer oder Dampfdrucktopf

großes Schneidebrett

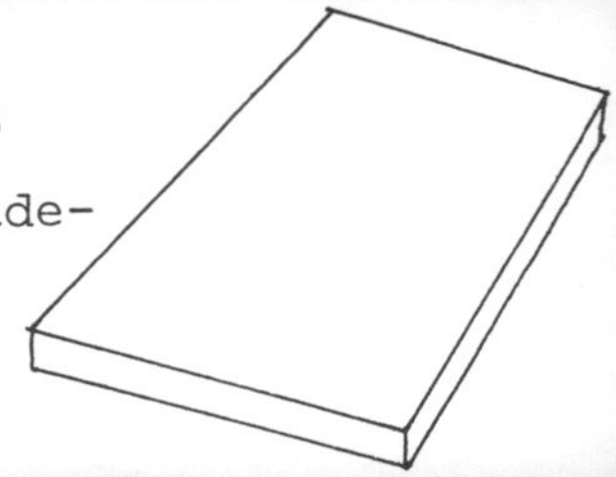

Salatschüsseln in verschiedenen Größen aus Glas. Keine Zierkeramik verwenden. Glasur bleihaltig.

Küchenschere

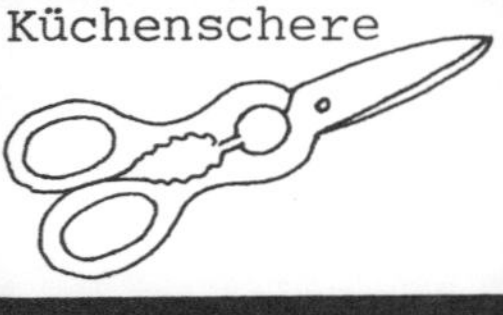

Salattuch

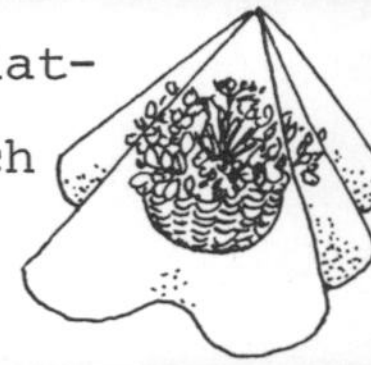

Schraubgläser zur Salatsoßenaufbewahrung

Knoblauchpresse

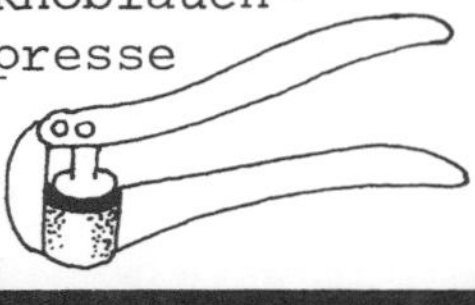

Mixbecher für Soßen aus Glas

Essig- und Öl Fläschchen

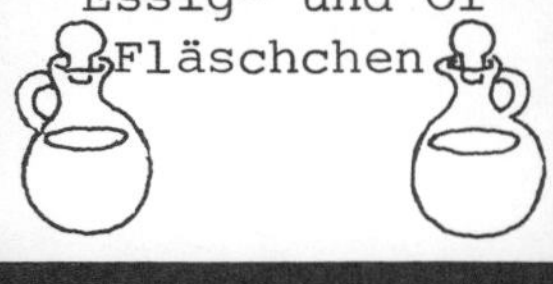

Wichtiges Kapitel: das Salatwaschen

So mancher Salat bräuchte gar nicht mehr als Lebensmittel-,Vitamin- und Mineralstoffquelle zubereitet werden,weil er beim unsachgemäßen Waschen seine Wirk- und Geschmackstoffe bereits verloren hat.
Immer wieder wird das rasche Waschen empfohlen. Und wie geht das vor sich? Meist wird der Salat in einem Sieb unter den Wasserstrahl gehalten,der viel zu stark für leichten Blattsalat ist. Das Ergebnis ist ein schlappes Grünzeug,das weder richtig sauber noch ansehnlich ist.

Die zweite Methode ist das empfohlene gründliche Waschen. Der Salat wird in das im besten Fall gerade frisch gesäuberte Spülbecken gegeben und darf sich baden. Das Ergebnis steht dem anderen nicht nach. Unser grüner Freund ist müde und sehr schlapp geworden- vielleicht ein bißchen sauberer als nach der ersten Methode,aber viel taugt auch er nicht mehr.

Und woher kommt diese Misere? Unser meist aufbereitetes Leitungswasser hat nichts mehr mit frischem mineralhaltigem Quellwasser zu tun und "laugt" deshalb unser Grünzeug aus.

Dr.G.Seeger schreibt in einer Fachzeitung: "das täglich benützte Leitungswasser ist zu 99% kein normales biologisch wertvolles Quell- oder Brunnenwasser mehr,sondern ein biologisch wertloses,aufbereitetes und chemisiertes (gechlortes) Kunstprodukt,dem alle lebensnotwendigen Mineralstoffe und Spurelemente mangeln,die Quell- und Mineralwässer in den tieferen Erd- und Gesteinsschichten aufnehmen.
Kommt nun Salat in gewöhnliches Leitungswasser,wird der osmotische Druck in den Pflanzenzellen verändert,die Mineralstoffe der Pflanze permeiren nach außen in das mineralstoffarme Wasser,die Pflanzenzellen verlieren ihre Prallheit- und werden wie oben erwähnt ausgelaugt."

Deshalb waschen Sie Ihren Salat richtig! In jedem Rezept ist darauf hingewiesen,damit es ja nicht vergessen wird,falls Sie diese Seiten überblättert haben.

Füllen Sie eine große Plastikschüssel,die Sie,wenn möglich nur für diesen Zweck benutzen,mit frischem Wasser,geben Sie Biosmon,das Sie im Reformhaus erhalten,nach Angabe hinein. Es wertet das Wasser auf und reinigt den Salat gründlich, auch von Rückständen,die unsere Luftverschmutzung selbst auf dem Lande durch Heizungen,Autos und Fabriken verursacht. Ersatzweise können Sie Kochsalz nehmen. Je nach Schüsselgröße 1 TL bis 1 EL. Das Ergebnis der Reinigung können Sie am Wasser feststellen.
Geben Sie den geputzten aber noch nicht zerkleinerten Salat hinein und tauchen Sie ihn mit gespreizten Händen immer wieder locker unter,heben Sie ihn vorsichtig heraus und lassen Sie ihn in einem Sieb abtropfen. Breiten Sie ein Tuch darüber und schütteln Sie kräftig durch. Sie können auch zwei Siebe übereinander legen und den Salat locker durchschütteln. Ein Salatschwingel benützen Sie am besten nur,wenn Sie den Salat im Freien ausschleudern können.
Auch wenn Sie den Salat ein bißchen länger im Biosmon-oder Salzwasser belassen,kann nichts passieren. Er bleibt frisch.

Wenn Sie Blattsalat besonders knackig mögen,geben sie ihn nach dem Waschen und Ausschleudern in einen Gefrier- oder Frischhaltebeutel und legen Sie diesen verschlossen in den Kühlschrank.Besonders im Sommer zu empfehlen !

Salat zum Mitnehmen

in's Büro oder zum Picknick sind geeignet:

Blumenkohl,blanchiert
Broccoli -Salat
Frischer Gemüse-Salat
Karotten-Salat,blanchiert
Mais-Salat
Rote Bete-Salat
Sellerie-Salat,gekocht

Bohnenkerne-Salat
Fenchel-Salat
Kartoffel-Salat
Kraut-Salate
Rosenkohl-Salat,roh
Sellerie-Salat,roh
Waldorf-Salat.

Noch einfacher ist es frisch geputztes Gemüse wie Karotten,Gurken,Tomaten,Staudensellerie, Blumenkohl, Avocados oder Fenchel gut verpackt mitzunehmen und Dippsoßen nach Geschmack im Schraubglas einzupacken.

Grüne Salate

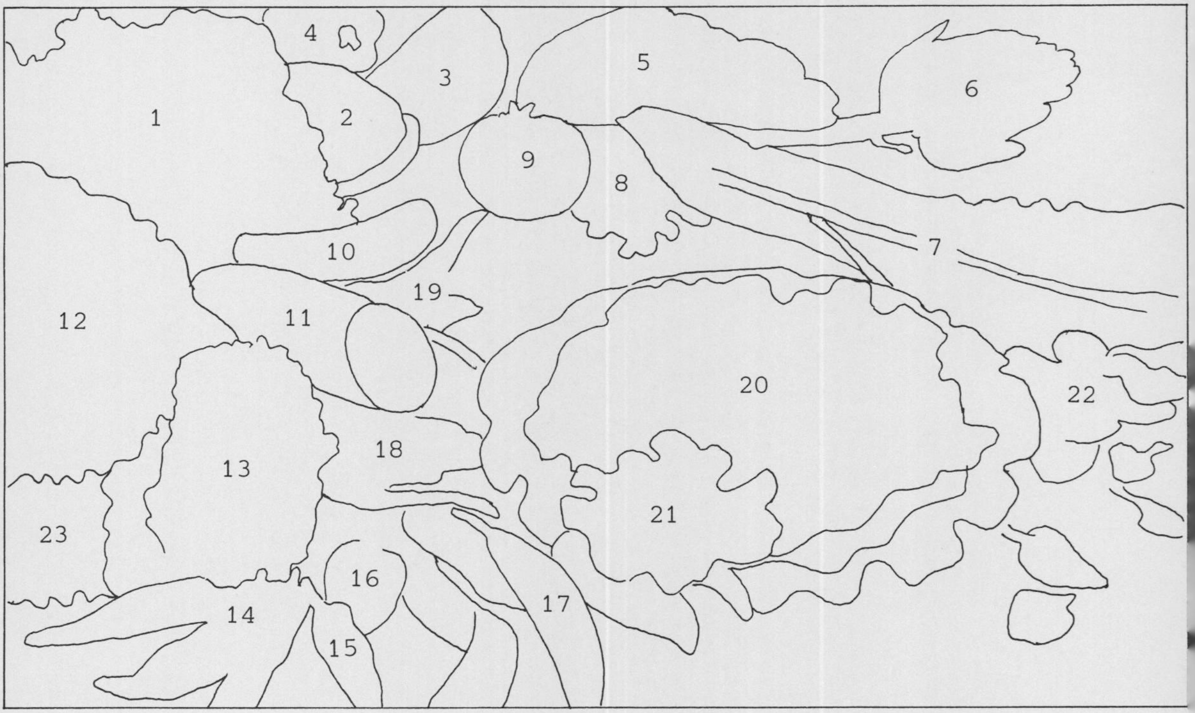

1 Endivien
2 Eisbergsalat
3 Wirsing
4 Gemüsepaprika
5 Romana
6 Artischocke
7 Löwenzahn
8 Ackersalat
9 Tomate
10 Zucchini
11 Gurke
12 Kopfsalat
13 Broccoli
14 Okra
15 Peperoni
16 Rosenkohl
17 Zuckererbsen (Mange tout)
18 Prinzessbohnen
19 Stangenbohnen
20 Kopfsalat
21 Brunnenkresse
22 Spinat
23 Avocado

Kopfsalat (Latuca sativa)

Gartenlattich, grüner Salat, Häuptlsalat. Inbegriff des Salates überhaupt. Treib- und Freilandware erhältlich. Nur ganz frisch vitaminreich, verliert in Wärme rasch an Wert. Rippen mitverwenden, mineralstoffreich. Grüne Blätter wichtig! Treibhaussalat vitaminärmer, deshalb mit Kräutern aufwerten.

Grüner Salat

1-2 Kopfsalat	vom Strunk und den äußersten Blättern befreien. In Biosmon- oder Salzwasser waschen, gut abgetropft die größeren Blätter zwischen den Rippen längs halbieren und in mundgerechte Stücke trennen. Rippen nicht wegschneiden, geben dem Salat "Stand". Zur Soße:
1-2 EL Weinessig	
3 EL Öl, M oder V	nur leicht verrühren, angießen mit folgenden Kräutern vermischen
2-3 EL Kräuter: Petersilie, Borretsch, Liebstöckl	
Zitronenmelisse	gehackt und
Schnittlauch	erst am Schluß untermischen. Nach Belieben von
8 Radieschen	feine Scheibchen hineinschneiden.
Variationen:	Radieschen und Gartenkresse, dann andere Kräuter weglassen. Kopfsalat mit Brunnenkresse und ein gehacktes Ei dazu. Kopfsalat mit feingeschnittenen Brennesseln und Eier in Scheiben.

Endivie (Cichorium endivia)

Endivie gibt es in verschiedenen Variationen. "Sommerendivie" auch Koch- oder Bindesalat genannt,siehe unter Romana S.36. Eine andere Variante der "Eskarol oder Escariol" bildet eine kräftige Staude mit gelbem Herz. Die Zubereitung siehe Endivien-Salat unten.
Noch nicht so lange auf dem Markt ist der Friseé (Medusenhaupt) S.75. Alle Sorten vertragen eine kräftige Soße. Je nach Beschaffenheit der Blätter können dieselben in breite Streifen oder sehr fein geschnitten werden. Zarte grüne Blätter sollten wegen des höheren Vitamingehaltes mitverwendet werden.

Endivien-Salat

2 große Endivienstauden	vom Strunk befreien,äußere Blätter entfernen,in Biosmon- oder Salzwasser waschen,gut trockenschütteln,breit oder nudelartig schneiden,zuerst mit
2 EL Öl	vermischen,dann
1 EL süßen Senf	mit
4 EL Kräuteressig	verrühren
1 Knoblauchzehe	gepresst
1 TL Kapern	gehackt
2 EL Öl	und
1/2 weiße Zwiebel	zufügen.
1 EL Petersilie	und
Basilikum	gehackt mit untermischen
1 EL Schnittlauch	obenauf streuen.

Variation:	S.87 mit Radicchio.
Für Kinder:	gut geeignet auch mit Joghurt oder Rahmsoße.

Eisbergsalat (Latuca sativa var. capitata L.)

Eissalat, Laibacher Eis, Krauthäuptl oder Eishäuptl, hat festgeschlossenen Kopf, mit glatten weiß-grünlichen, fast durchscheinenden Blättern. Eine andere Sorte ist hellgrün mit etwas gerunzelten Blättern, die einen lockeren Kopf bilden. Letztere Art wird in Österreich als Freilandware angeboten. Zubereitungsart für beide Sorten die gleiche.

Eisberg-Salat

1-2 Stauden	je nach Größe vom Strunk befreien (Abfallblätter gibt es fast keine), vierteln, in Biosmon- oder Salzwasser waschen. Blätter in Stücken abschneiden oder brechen. Gut abgeschüttelt gleich anmachen, die Schnittstellen laufen sonst gelb an. Da dieser Salat fester im Blatt ist, verträgt er auch eine kräftigere Soße. Entweder
Mena's Salat-Soße S.166	oder
Haus-Soße S.166	
	An Kräutern soll es nicht fehlen:
Petersilie, Liebstöckel, Zitronenmelisse, wenig Salbei, Borretsch, Dill	und
Schnittlauch	alles fein abgewogen im Geschmack.

Romana (Latuca sativa L. var. longifolia Lam.)

Romaine, Bindesalat, Römischer Salat, bildet keine Köpfe sondern lockere Stauden. Wenn der Salat auswächst (schießt), kann der Stengel wie Spargel-Salat bereitet werden. S. 105

Romana-Salat

für 2-3 Personen

2-3 Stauden	vom Strunk befreien, nicht zu knapp abschneiden, Blätter sollten zusammenhalten. In Salzwasser waschen, sehr gut abtropfen lassen, in eine flache Schale legen
2-3 EL milden Weißweinessig	mit
3 EL Öl	
1/2 TL franz. Senf	
1 TL Kapern	gehackt, etwas
weißem Pfeffer	aus der Mühle, gehacktem
Estragon	und
Pimpinelle	vermischen, über den Salat geben.
2 Eier	hartgekocht und feingehackt, sowie
3 El Pinienkerne	darüberstreuen.

Romaine-Salat

4 Stauden	wie oben vorbereiten, in 5 cm Streifen schneiden. In einer Schüssel mit Haus-soße S.166 begießen.
1/2 blaue Zwiebel	in kleine Würfelchen schneiden und unter-mischen.
50 g Gartenkresse	kurz in Salzwasser tauchen, ausschütteln, auf den Salat geben.
Variation:	an die Haus-Soße 1 EL Tomatencetchup geben.
Für Kinder:	beide Arten gut geeignet.

Schnittsalat (Latuca sativa)

bekommt man leider selten. Im eigenen Garten sollten Sie nicht auf die Aussaat verzichten. An den Rändern eines Kohlrabibeetes hat er gerade noch den Schatten,den die zarten Blättchen (die keine Köpfe bilden) brauchen.

300-500 g Schnittsalat	frisch geerntet,kurz in Biosmon- oder Salzwasser tauchen,gut abgetropft in eine Schüssel geben
10 junge Radieschen	in Scheibchen daraufschneiden,
1-2 EL Rotweinessig	mit
2 EL Distelöl	und
M oder V	vermischen (nicht schlagen) über den Salat gießen,ganz locker mischen und
2 EL Schnittlauch	obenauf streuen. Hm - ganz zart!
Für Kinder:	gut geeignet,auch mit Rahm statt Essig

Pflücksalat

Zubereitung wie Lattughino,Rubrik violett.

Löwenzahn-Salat (Taracsus officinale)

3 Eier	10 Min. kochen,in kaltes Wasser legen.
1-2 Stauden (ca. 1 kg)	(s. Bild S. 30) putzen,welke Blätter entfernen,in Salzwasser waschen,dem man zusätzlich
1 TL Zucker	beigefügt hat. Stiele und zarte Blätter in ca. 2 cm Streifen schneiden. Das Gelbe der Eier mit
2 EL franz. Kräutersenf	
4 EL Rotweinessig	
5 EL Öl,M oder V	fest verschlagen,bis die Soße dicklich ist,mit dem Salat vermischen. Ein wenig durchziehen lassen. Das Weiße der Eier kleinhacken,mit feingeschnittener
Petersilie	auf den fertigen Salat streuen.

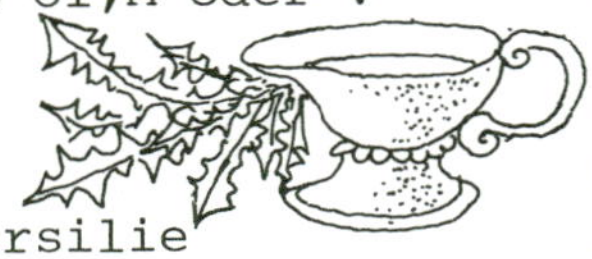

Gartenkresse (Lepidium sativum)

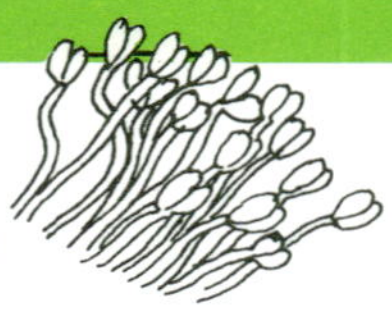

ist eine gute Vitaminquelle. Im Garten,im Mistbeet,sogar im Balkonkasten kann sie alle 14 Tage gesät werden. Sie wird mit der Schere kurz über den Samen abgeschnitten,zum Waschen in Salzwasser getaucht und gleich wieder herausgezogen. Schwimmen will sie nicht! Trockengeschüttelt wird sie dann verwendet. So behandelt,klumpt sie nicht zusammen.

Kresse-Salat

Beisalat für 4 Personen

300 g Gartenkresse	wie oben vorbereiten,aufgelockert in eine Schüssel geben.
1/2 blaue Zwiebel	kleingeschnitten zufügen.
1 EL Weinessig	
M oder V	und
1 1/2 EL Distelöl	nur leicht verrühren,über den Salat geben, mit 2 Gabeln rasch vermischen. Mit
8 Radieschen	in Scheibchen geschnitten umlegen.

Brunnenkresse-Salat

als Beisalat für 4 Personen

Steckbrief siehe unter Salatkräuter S. 17

300 g Brunnenkresse	von den dicken Stielen befreien. Blätter mit zarten Stielen in Biosmon- oder Salzwasser waschen,gut abtropfen lassen. In einer Schüssel mit Soße übergießen:
2 EL Rotweinessig	
M oder V	
1 Msp. Glutamat	
3 EL Öl	leicht verrühren,mit
2 EL roter Zwiebel	feingehackt,mischen.
Variation:	statt Zwiebel 8-10 feinblättrig geschnittene Radieschen untermischen.

Feldsalat (Valerianella locusta L.)

Rapunzel,Nüßchen,Nissl,Sonnenwirbel,Mauseöhrchen,Vogerlsalat. Ein Baldriangewächs,das - wie sollte es anders sein - beruhigend und nervenstärkend wirkt. Ganz abgesehen davon enthält Feldsalat mehr Vitamin A und C als Kopf- und Endiviensalat. Er schmeckt herzhaft und frisch. Beim Ernten und Putzen sollten die Wurzeln knapp unter dem Grün abgeschnitten werden,so, daß die Form der Rosette erhalten bleibt. Sonst würden die einzelnen Blättchen beim Anmachen zusammenkleben.

Feldsalat „spezial"

1/2 Fenchelknolle	putzen,halbieren,waschen,in feine Scheiben schneiden,in
1/2 EL Öl	marinieren
300 g Feldsalat	putzen,in Biosmon- oder Salzwasser gründlich waschen,gut abgetropft in eine Schüssel geben. Fenchel zufügen.
10 Radieschen	waschen,in Scheiben daraufschneiden.
2 EL Rotweinessig	
M oder V	
3 EL Öl	mit
1/2 Zehe Knoblauch	gepresst,nur leicht verrühren,auf den Salat geben. Vorsichtig untermischen und mit
Schnittlauch	bestreut zu Tisch geben.

Feiner Ackersalat (Valerianella locusta L.)

ist die kleine zartere Schwester des Feldsalates. Werte und Verwendung wie beim festeren Feldsalat. Nur Soße ein wenig leichter halten (weniger Öl).

Tessiner Mischsalat

für 5 - 6 Personen

1 Kopf Frisée	putzen, in Biosmon- oder Salzwasser waschen, in 8 cm Stücke brechen
100 g Lattughino	Wurzel abschneiden, größere Blätter halbieren, waschen
1 roten Radicchio	ebenso vorbereiten
100 g grünen Radicchio	ersatzweise Feldsalat, wie diesen vorbereiten.
125 g gelben Löwenzahn	waschen, in 8 cm Stücke schneiden. Alles in eine größere Glasschüssel geben.
1 blaue Zwiebel	in Längsscheiben darauf verteilen.
100 g Kresse	kurz in Biosmon- oder Salzwasser tauchen, ausschütteln, auf Küchencrepp abtrocknen lassen. Salatsoße bereiten aus:
1 EL franz. Kräutersenf	
schwarzem Pfeffer	aus der Mühle
2 EL süßer Sahne	
2 EL Rotweinessig	
3-4 EL Öl	
M oder V	
etwas Streuwürze	
1 Zehe Knoblauch	gepresst. Alles fest verschlagen, bis die Soße undurchsichtig und dicklich ist. Salat gut vermischen, Kresse darunterheben.

Nach Belieben rote, gelbe und grüne, eingelegte Pepperoni sowie schwarze Oliven untermischen und den Salat mit einer Sauce Vinaigrette von Seite 169 anmachen.

Für Kinder ist diese Art weniger gut.

Grüner Radicchio (Cichorium intybus var.foliosum)

Radicchio verde,ein Bruder des roten Radicchio,auch wenn er diesem nicht sehr ähnlich sieht. Eher würde man ihn auf den ersten Blick für einen Verwandten des Feldsalates halten,der aber aus einer ganz anderen Familie stammt. Grüner Radicchio besitzt kompaktere Blätter und kräftigere Wurzeln,was die Zugehörigkeit zur Zichorienfamilie bestätigt

Am besten schmeckt der grüne Radicchio in Mischsalaten, denen er durch seinen feinherben Geschmack eine besondere Note verleiht.

Beim Putzen werden die Wurzeln jeweils abgeschnitten und wenn die Rosette zu groß ist,wird sie längs geteilt aber nie werden die Blätter einzeln abgezupft. Siehe auch S.39 Feldsalat.

Lollo

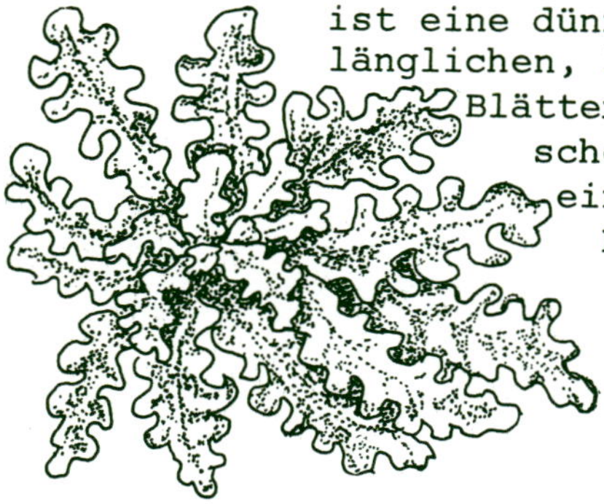

ist eine dünnblättrige, zartgrüne Staude mit länglichen, lustig unregelmäßig "gelockten" Blättern. Diese werden vorsichtig gewaschen,nicht zu stark zerkleinert mit einer leichten Soße locker angemacht. Dazu 1 TL Balsamico-oder Himbeeressig, 1 EL Weißwein, wenig Meersalz, Pfeffer aus der Mühle und 2 EL feines Öl vermischen. Mit gehacktem Basilikum bestreuen!

Spinat (Spinácia olerácea)

Für Salat nur junger zarter Blattspinat geeignet. Wurzelspinat ist zu herb. Frisch muß er sein und kühl gelagert. Wärme bewirkt sofort hohen Vitaminverlust.

Spinat-Salat mit Sojasprossen

500 g jungen Spinat	in Biosmon- oder Salzwasser waschen, sehr gut ausschütteln
200 g frische Sojasprossen	mit warmem Wasser übergießen, einige Minuten stehen lassen
3 EL Rotweinessig	
3 EL Öl	
1 EL Sojasoße	leicht verrühren
1 Zehe Knoblauch	gepresst zufügen, mit
Dajong (Chinagewürz)	und
Marokkanischem Pfeffer	abschmecken, mit Spinat und Sojasprossen gut vermischen.
Für Kinder:	die letzten Gewürze weglassen.

Spinat-Brennessel-Salat

als Beisalat

300 g Blattspinat	und
ca. 200 g junge Brennessel	von den Stielen befreien, gut waschen und ausgeschleudert feinstnudelig schneiden.
1/2 blaue Zwiebel	gehackt zufügen und nach Belieben (der Salat wird dadurch milder)
1 Ei	hartgekocht und gehackt, dazugeben. Zur Soße:
1 TL Senf	
2 EL süße Sahne	
1 EL Rotweinessig	
1 Prise Muskat	
M oder V	verschlagen, mit dem Salat vermengen.

Brennessel (Urtica dioica)

Junge Brennessel duften so herrlich. Sie sollten einen Salat aus den Triebspitzen versuchen. Er schmeckt köstlich. Zum Pflücken ziehen Sie am besten Handschuhe an. Nach dem Waschen können Sie die Brennesseln ohne "Kribbeln" schneiden.
Steckbrief "Brennessel" siehe unter Kräuter S.17

Brennessel-Salat

Für 4 Personen

3 Eier	10 Min. kochen,abpellen,hacken.
4 Hände voll Brennessel	von den Stielen befreien,in lauwarmem Biosmon- oder Salzwasser waschen,gut abgetropft feinstnudelig schneiden.
1 EL blaue Zwiebel	in Streifen oder kleinwürfelig geschnitten zufügen. Mit Soße übergießen und mit den gehackten Eiern bestreuen.
Haus-Soße S.166	oder
1-2 EL Rotweinessig	
3 EL Distelöl	leicht verrühren,mit
M oder V	abschmecken.

Wenn Sie zu viele Brennesseln gepflückt haben,können Sie diese in einem Plastikbeutel gut verschlossen im Kühlschrank 2 Tage aufbewahren.

Wildkräuter-Salat

250 g Wildkräuter	Bärlauchblätter, junger Sauerampfer, Brennessel, Maßliebchenblätter, Brunnenkresse, Kapuzinerkresse, Löwenzahn, Taubnessel, Gundelrebe und Löffelkraut. Die Mischung können Sie nach Belieben zusammenstellen. Die jungen Blättchen werden in Biosmon- oder Salzwasser gewaschen, gut abgetropft leicht mit Soße vermischt. Da Wildkräuter im Geschmack sehr kräftig sind, kann man
1 kleinen Kopfsalat	oder
150 g Schnittsalat	untermischen.
	Zur Soße:
1 EL Apfelessig	mit
1 Eidotter	von einem hartgekochten Ei verrühren.
1 EL süße Sahne	zugeben und mit
2 EL Distelöl	mischen. Sie können den Salat lustig garnieren mit den gelben Blüten der Kapuzinerkresse und lila Schnittlauchblüten, denn beide sind eßbar und haben einen spezifischen gesundheitlichen Wert.

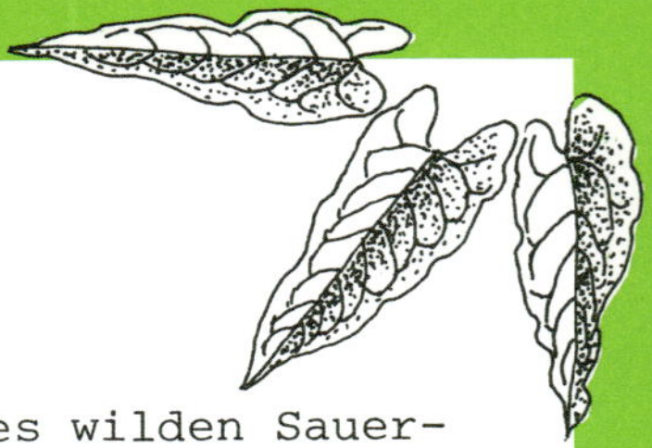

Sauerampfer (Rumex acetosa)

Steckbrief siehe unter Salatkräuter S. 17.

Verwendet werden nur die zartesten Blätter des wilden Sauerampfers oder der Gartensauerampfer. Er wird als Beisalat gereicht in nicht zu großen Mengen, da er neben seinen Vitaminen auch einen hohen Gehalt an Oxalsäure besitzt.

Sauerampfer-Salat

100-150 g Sauerampfer	von den Stielen befreien, in lauwarmem Salzwasser gründlich waschen. Die Blätter in Streifen schneiden.
1 EL süße Sahne	
1 TL Kräuteressig	
Streuwürze	
1 TL Schalotte	feingehackt, vermischen. Sauerampfer damit anmachen.

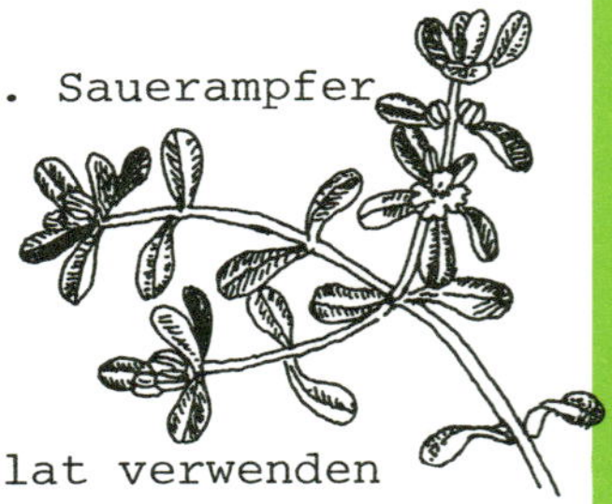

Portulak (Portuláca oleracea)

aus eigenem Garten können Sie zu einem Beisalat verwenden oder mit grünen Salaten vermischen.

ca. 200 g Portulak	von den Stielen befreien, Blättchen in Salz- oder Biosmonwasser waschen, abtropfen lassen.
1/2 junge Zwiebel	kleinschneiden,
1/4 Salatgurke	erst in dünne Scheiben, dann in Stifte geschnitten beifügen.
1 EL Rotweinessig	
1/2 TL Kräutersenf	
2 EL Öl, M oder V	vermischen, unter die anderen Zutaten geben. Kühl servieren. Nach Belieben mit hartgekochten Eiern in Scheiben, garnieren.

Grüne Erbsen (Pisum sativum)

Petits Pois,Runzelerbse. Für Salat sollten sie klein sein und fein! Erbsen sind eiweißreich. Sie können roh in andere Salate mit untergemischt werden. Gekocht sind sie sehr fein in Gemüsesalaten. Die runden Samenkörner werden mit dem Daumen aus der Schote gestreift.

Erbsen-Salat

750-1000 g junge Erbsen auspalen,mit einer Soße mischen aus:

5 EL saurer Sahne	
1-2 EL Weinessig	
Streuwürze	
1 EL Schalotten	feingeschnitten
1 TL Dill,1/2 TL Petersilie,1/2 TL Basilikum	und
1/2 TL Zitronenmelisse.	Soße mit den Erbsen vermischen.

Zuckererbsen

Erbsschoten,Mange-Tout,Kefen,Schnee-Erbsen sind nicht wie irrtümlich angenommen,sehr süße Erbsensamen,sondern eine sehr zarte Erbsschote,deren Hülse mitgegessen wird. Der Samenkern ist klein. Verwendet wird die ganze Schote.

Zuckererbsen-Salat

500 g Zuckererbsen	vom Stiel befreien,abfädeln,waschen, in Salzwasser weich kochen,kalt abbrausen,gut abgetropft mit
Haus-Soße S.166	anmachen und mit
1 weißen süßen Zwiebel	in dünne Ringe geschnitten,belegen. Mit
1/2 TL Ysop	überstreuen.

Gurken (Cucumis sativus)

ergeben einen "schlanken-Linie-Salat" wenn die Zutaten beachtet werden. Gurken wirken entwässernd. Die im Gurkensaft enthaltenen zur Verdauung wichtigen Wirkstoffe dürfen nicht abgegossen werden. Die Salate aus gepressten Gurken von annodazumal waren deshalb so schwer verdaulich. Dicke Gurkenscheiben mit Dippsoße oder pur sind ein Genuß,wenn eine frische Gärtnergurke in der Saison verwendet wird.

Unser Gurken-Salat

1 frische Salatgurke	waschen,ungeschält fein hobeln,
2 EL Öl	
3-4 EL süßen Rahm	
1 TL Rotweinessig	
1 TL Dill	gehackt
1 EL Borretsch	feinstnudelig geschnitten
1/2 TL Basilikum	gehackt und
M oder V	unter die Gurken mischen. Obenauf
schwarzen Pfeffer	frisch aus der Mühle und
1 EL Schnittlauch	streuen. Sofort servieren.
Variation:	Kräuter weglassen und nur geschnittene Zwiebelröhrchen zugeben. Oder: Gurken in ca. 5 mm Scheiben schneiden mit Edith's Soße S.165 begießen.
Für Kinder:	ohne Pfefferzugabe.

Gurken-Salat „Dalmatia"

1 Freilandgurke	dünn schälen,nicht zu fein hobeln.
1 EL Weinessig	mit
1/4 TL Salz	
schwarzem Pfeffer	aus der Mühle
1 TL Basilikum	und
1 kl. Blatt Salbei	gehackt sowie
1-2 EL Olivenöl	auf die Scheiben geben und gut vermischen.
4 EL Joghurt	mit
1-2 Zehen Knoblauch	gehackt verrühren. Als Mittelpunkt aufsetzen. Gleich servieren und den Joghurt erst bei Tisch unterrühren.

Gurken-Salat niederbayerischer

1 Freilandgurke	dünn schälen,
1 weißen Rettich	ebenso, beide fein hobeln,
1 Msp. Salz	und frischgemahlenen
schwarzen Pfeffer	aus der Mühle daruntermischen.
1 EL hellen Essig	
2 EL Öl	angießen. Durchmischen. Obenauf mit reichlich
Schnittlauch	bestreut servieren.
Variation von Gudrun:	Gurke hobeln,Rettich raspeln. Viel Dill anstreuen.

Okraschoten (Hibiscus esculentus L.)

Gemüse-Eibisch,Gumbo,wie eckige kleine Gurken,die spitz zulaufen. Neutral im Geschmack,darum zum Kombinieren geeignet. Siehe Auberginen-Okra-Salat S.94

Grüne Bohnen (Phasealus vulgaris)

gibt es in verschiedenen Sorten,die feinen kleinen Prinzeßböhnchen,Buschbohnen etwas größer auch rund und die flachhülsigen Stangenbohnen. Alle Arten sind vorzüglich zu Salat geeignet. Bohnen müssen aber gekocht werden. Sind nicht zur Rohkost geeignet. Bei fadenfreien Sorten wird nur der Stiel und das Spitzchen entfernt. Beim "Abfädeln" am Stielansatz beginnen. Nach dem Kochen kurz eiskalt abschrecken,um die grüne Farbe zu verstärken. Nie zu weich kochen. Bohnenkraut besser nicht mitkochen. Frisches Kraut,erst dem fertigen Salat zugefügt,erhält den Bohnen den Eigengeschmack.

Feiner Bohnen-Salat

500 g Prinzeßbohnen — putzen,waschen in Salzwasser 15 Min.kochen, in einem Sieb kurz eiskalt abschrecken,in einer tiefen Schüssel mit dieser Soße begießen:

2 El Rotweinessig
1 Msp. Senfpulver
1 EL Rotwein
3 El Öl
M oder V — fest verschlagen,mit den Bohnen vermischen,gut durchziehen lassen.

1 Schalotte — feingehackt und die frischen Blättchen von

Bohnenkraut — anstreuen. Versuchen Sie auch einmal Bohnen wie oben gekocht und abgekühlt mit Z I T R O N E N -Soße:

die Hälfte einer reifen, unbehandelten Zitrone hauchdünn schälen und feinstnudelig schneiden. 3 Eidotter mit je 1 Msp Meersalz und weißem Pfeffer, tropfenweise 4 EL Öl,sowie dem Saft der ganzen Zitrone dick rühren, 4 EL süße Sahne und die Schalenstreifchen dazugeben.Die Bohnen auf eine flache Platte legen. Soße dazureichen oder übergießen.

Sehr exclusiv!

Buschbohnen-Salat

500 g Buschbohnen	putzen,eventuell entfädeln,waschen,nach Belieben in Stücke brechen,in Salzwasser ca. 20 Min. kochen,kurz eiskalt abschrek-ken. In einer Schüssel mit
1 blauen Zwiebel	in Längsscheiben geschnitten belegen. Nach Belieben
1 Tomatenpaprika	in Streifen zufügen. Mit
Haus-Soße S.166	übergießen und gut mischen. Durchziehen lassen. Mit reichlich
Petersilie,Dill	und
Schnittlauch	bestreut servieren.
Variation:	statt Tomatenpaprika 1 kleine Knolle Fenchel mit Fenchelgrün untermischen.

Bohnen-Salat „Algarve"

500-800 g Stangenbohnen	entfädeln,waschen,der Länge nach durchschneiden,(sehen dann wie grüne Nudeln aus),in Salzwasser dem man
1 Zehe Knoblauch	und
1/2 TL Zucker	beigefügt hat,in ca. 20 Min. nicht zu weich kochen.Schnell kalt abschrecken.
1 weiße milde Zwiebel	in Ringen, kurz blanchiert, zufügen.
3 EL Rotweinessig	
1 Msp. Glutamat	
3 EL Öl	
1/2 TL Oregano	verschlagen,bis dicklich,unter die Bohnen mischen,durchziehen lassen. Zum Schluß:
reichlich Petersilie und Basilikum	sehr feingehackt darüberstreuen.

Grünkohl (Brassica oleracea L.)

Krauskohl,Blätterkohl,Winterkohl muß gut durchgefroren sein. Im Winter großer Vitaminspender. Gut als Beisalat geeignet. Wenn Sie Grünkohl nicht schon von den Stielen befreit erhalten,müssen Sie das doppelte Quantum berechnen.

Grünkohl-Salat

250 g Grünkohl (abgestreift)	in Salzwasser waschen,gut abgetropft kleinschneiden. Mit
4 EL Distelöl	vermischt durchziehen lassen.
1/2 Tasse süßen Rahm	mit
Muskat,Streuwürze	und
2 EL Rotweinessig	vermischen,angießen. Mit
Pfeffer aus der Mühle	würzen.

Wirsing (Brassica ol. var. Jabanda)

Welschkohl,Savoyerkohl. Für Salat grünen Frühwirsing nehmen.

1 kl. jungen Wirsingkohl	vierteln,Strunk herausschneiden, waschen,in Salzwasser mit
etwas Muskat und Dillsamen	blanchieren,abtropfen lassen,in 1 cm breite Streifen schneiden.
1 Tasse heiße Brühe	
1 TL Sojasoße	
2 EL Rotweinessig	
1 Msp. Dajong	
3 Tropfen Tabasco	vermischen,heiß über den Wirsing geben,durchziehen lassen. Vor dem Anrichten
3 EL Öl	untermischen und mit
Petersilie	recht feingehackt bestreuen.

Am besten nicht zu kalt servieren.

Kohlrabi (Brassica ol. var. gongylodes)

verschiedene Sorten im Handel: hellgrün und violett,Treib- und Freilandware. Bei Treibhausware mit Kräutern aufwerten. Zarte Kohlrabi sind für Rohsalate sehr gut geeignet.

Unser Kohlrabi-Salat

Beisalat für 4 Personen

3-4 junge Kohlrabi	dünn schälen,in eine Schüssel raffeln gleich mit
1/2 Tasse süßer Sahne oder Joghurt	vermischen
1 EL Apfelessig	
1 EL Öl,M oder V	zufügen und verrühren
1 EL Kräuter: Petersilie,Liebstöckel, Zitronenmelisse,Dill	alles feingehackt untermischen,mit
1 EL Schnittlauch	bestreuen. Gut gekühlt servieren.

Zucchini (Cucurbita pepo)

Courgettes,Zuchetti,gurkenähnliches Gemüse.
Für Salat mittelgroße junge Exemplare verwenden.

Zucchini-Salat

Beisalat

4 Zucchini	waschen,vom Stielansatz abschneiden,ungeschält fein hobeln
1 1/2 EL Distelöl	daruntermischen,
1/2 TL Dill	gehackt darüberstreuen,mit
M oder V	abschmecken. So könnte man den milden Salat an sich belassen. Wer will kann
etwas Rotweinessig	daruntermischen.
Als Kindersalat:	gut geeignet,wird ohne Essig gerne gegessen.
Variation:	Tomaten-Zucchini-Salat S. 150

Rosenkohl (Brassica ol var. gemmifera)

Sprossenkohl,Brüsseler Kohl. Sollte vor der Verwendung gut durchgefroren sein. Großer Vitaminspender. Kann roh und gegart zubereitet werden. Nur grüne Röschen wertvoll.

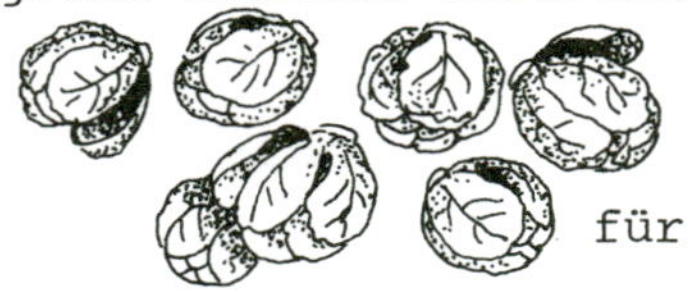

Rosenkohl-Salat roh

für 4 Personen

ca. 700 g Rosenkohl	kleinen Strunk kürzen,nur beschädigte Blättchen abtrennen,in Salzwasser waschen,in kleine Scheibchen schneiden oder hobeln
4 EL Joghurt	
2 EL Majonnaise	
1 EL Öl,M oder V	
1 Msp. Macis	verrühren.
1 EL Mandeln	ungeschält,gehackt daruntergeben.Obenauf feingehackte
Petersilie	streuen.

Sprossenkohl

1. örtliche Bezeichnung für Rosenkohl
2. für nachgewachsenen Grünkohl,Rez.S.52

Rosenkohl-Salat gegart

ca. 700 g Rosenkohl	wie oben putzen und waschen,halbieren, sehr gut abtrocknen lassen.
4-5 EL Öl	in einer großen Pfanne erhitzen,Rosenkohl hineingeben,nur ganz leicht mit
Salz	bestreuen und bei großer Hitze unter ständigem Umrühren (er bekommt eine intensive grüne Farbe) garen,daß er noch einen Biss hat. Nicht bräunen!
1 EL Rotweinessig	mit
1 Prise Muskat	mischen,daraufträufeln. Lauwarm zu Tisch geben.

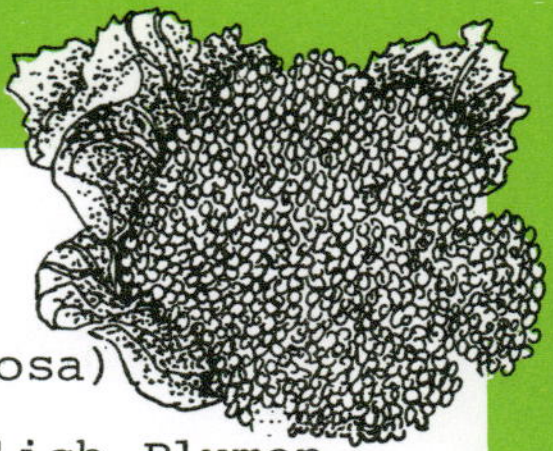

Broccoli (Brassica olerácea var. botrytis cymosa)

Spargelkohl,Bröckelikohl,grüne kleine Rosen (ähnlich Blumenkohl) auf kräftigen Stielen mit Blättern. Broccoli ist wesentlich Vitamin A-reicher als Blumenkohl. Einen violetten Verwandten gibt es auch (siehe S.98). Roh ist er im Geschmack zu streng. Versuchen Sie ihn deshalb einmal so:

Unser Broccoli-Salat

1000-1500 g Broccoli	in Röschen zerteilen,Stiele schälen, in ca. 1 cm Scheibchen schneiden. Kurz in Salzwasser waschen,gut abtropfen lassen. In einer weiten Pfanne
3-5 EL Öl	erhitzen,Broccoli hineingeben,bei großer Hitze fest rühren,bis die Röschen weicher aber noch knackig sind. Ganz leicht mit
wenig Salz	bestreuen. Wenn Sie nicht alles aus der Pfanne gegessen haben,können Sie
3 EL milden Rotweinessig	mit
M oder V	abschmecken und den Broccoli damit anmachen.
Für Kinder:	vor allem ohne Essig gut geeignet.

Broccoli-Salat

1000-1500 g Broccoli	putzen,Rosen und Stiele trennen, letztere schälen,in 2 cm Stücke zunächst alleine in Salzwasser kochen, dann die Röschen zugeben. Nicht mehr als 8-10 Min. kochen,sollen nicht zu weich werden. Abgetropft mit
Haus-Soße S.166	begießen. Nach Belieben mit
1 hartgekochtem Ei	feingehackt bestreuen.

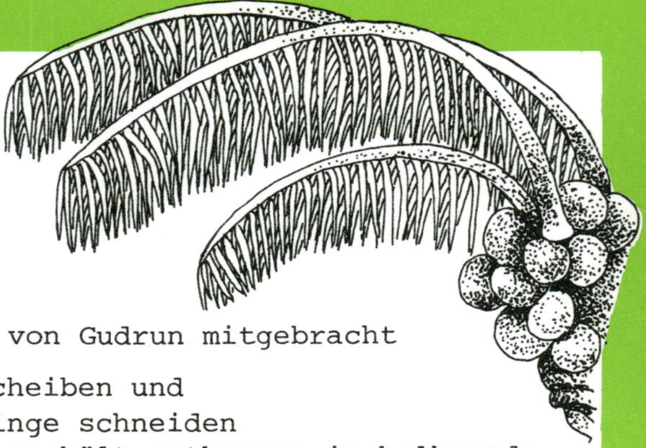

Avocado-Salat

Camerun   von Gudrun mitgebracht

500 g süße reife Tomaten	in Scheiben und
2 weiße Zwiebeln	in Ringe schneiden
2 Avocados	dünngeschält entkernen,in halbrunde Scheiben schneiden,hübsch in einer flachen Schale arrangieren. Aus
3-4 EL Weißweinessig	
1 Tasse herben Weißwein	
1/2 TL franz. Senf	
M oder V,Pfeffer	aus der Mühle
je 1 Prise Salz u. Zucker	und
4 EL Öl	eine Salatsoße rühren,darübergießen, durchziehen lassen.
1/2 TL Estragon	und
Schnittlauch	gehackt darüberstreuen.

Avocado vinaigrette

Pro Person 1 Hälfte. Avocados halbieren,Kern herausnehmen, Sauce Vinaigrette S.165 in das Loch einfüllen und auslöffeln!

Grüner Spargel -Salat

grüner Spargel ist vitaminreicher als weißer. Die Zubereitung wie letzteren. Zur Geschmacksabrundung sollten Sie über den grünen Spargel 2 hartgekochte Eier sehr feingehackt streuen.

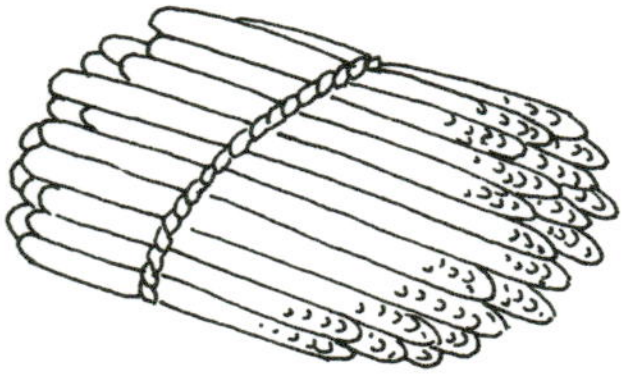

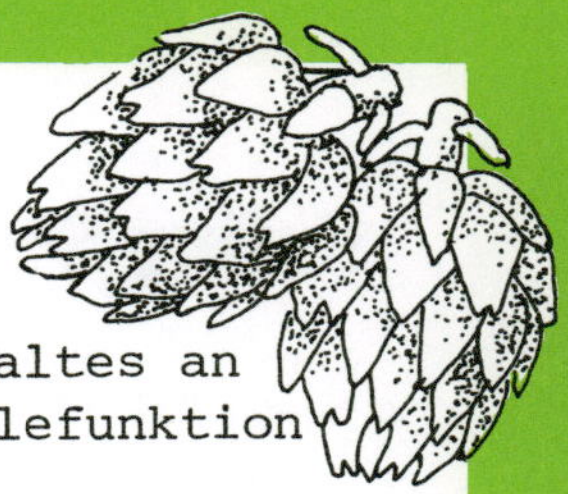

Artischocke (Cynara scolymus)

Artischocken,eine Delikatesse,die wegen ihres Gehaltes an Cynarin und Inulin Magen sowie die Leber- und Gallefunktion günstig beeinflusst.

Die Zubereitung:

von den gewaschenen Artischocken den Stiel abschneiden,sofort mit Zitronensaft beträufeln um Verfärbung zu verhindern. In Salzwasser mit einigen Zitronenscheiben und 1/2 TL weißen Pfefferkörnern ca. 40 Min. kochen. Blätter herausziehen, "Heu" (Blütenknospen) abheben. Boden weiterverwenden. Der fleischige Teil der Blätter und Böden können auch mit einer Dipp-Soße S.168 genossen werden.

Artischocken-Salat aus frischen Artischocken

4-6 Böden	wie oben vorbereiten,in breite Streifen schneiden,
1/4 Sellerieknolle	putzen,waschen,stifteln,nur kurz blanchieren,mit den Artischocken vermischen und mit
Vinaigrette S.165	begießen. Gut durchziehen lassen. Kühl servieren.

Artischocken-Salat aus Artischockenherzen

1 Ei	10 Min. kochen,kleinhacken,von
2 Dosen à 400 g	
Artischockenherzen	Saft abgießen,die Herzen auf eine Platte legen.
2 EL Estragonessig	
2 EL Weißwein (herb)	
3 EL Öl	und
Pfeffer	frisch aus der Mühle,vermischen,über die Artischocken geben. Das Ei und
1 TL Estragon	gehackt,anstreuen.

Grüne Paprikaschoten (Capsicum annuum)

Gemüsepaprika auch Peperoni genannt,besitzt hohen Vitamin C Gehalt und wirkt kreislaufanregend. Bulgarischer Gemüsepaprika hat eine hellgrüne Farbe,ist im Geschmack mild. Für Salate ist er deshalb gut geeignet.

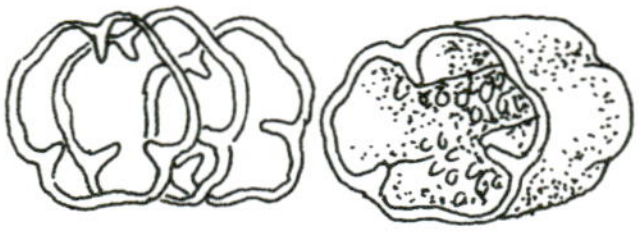

Grüner Paprika-Salat

4 mittl. Paprikaschoten	vom Stiel,Samen und Innenwänden befreien,gut auswaschen und in Ringe oder Streifen schneiden.
1 blaue Zwiebel	in Ringe geschnitten daraufgeben.
2 EL Kräuteressig	eventuell verdünnen,mit
1 TL Sojasoße	abschmecken und mit
2 EL Öl	vermischt auf die Ringe geben. Nun muß das Ganze gut durchziehen. Mit
frischem Bohnenkraut	oder
Ysop	bestreut zu Tisch geben.

Grüner Tomaten-Salat

Beisalat für 4 Personen

3 grüne Fleischtomaten	waschen,Kreis um den Stiel herausschneiden. In 4 mm dicken Scheiben auf eine Platte legen.
1-2 EL Rotweinessig	
1/2 TL Senfpulver	
schwarzen Pfeffer	aus der Mühle und
3 EL Olivenöl	fest verschlagen über die Tomaten geben,mit
1 EL Kräutern: Petersilie,Borretsch Dill und Basilikum	feingehackt,bestreuen.

Scherkohl

gesäter Grünkohl,der schon klein geschnitten wird. Zubereitung wie Grünkohl.

Gelbe Salate

1 Erdkohlrabi
2 Möhre
3 Pastinake
4 Chinakohl
5 Frisée
6 Paprika

7 Mais
8 Staudensellerie
9 Ogenmelone
10 Papaya
11 Zuckermelone

Mais (Zea mays L.)

Golden corn, Kukuruz, Zuckermais
sehr nahrhaft. Da Mais neutral im Geschmack ist, als Beisalat zu allen grünen Salaten und zum Kombinieren gut geeignet.

Mais-Salat

6 Maiskolben	mit dem letzten umhüllenden Blatt in salzlosem Wasser garen (verkürzt die Kochzeit). Abperlen. Oder einfacher:
1 800 g Dose Maiskörner naturell	abgetropft in eine Schüssel geben, mit
1/8 l süßer Sahne	begießen, nach Geschmack (muß aber nicht sein)
1 TL Weinessig	zufügen, mit
M oder V	und
1/2 TL Curry	abschmecken
1 EL Cibouletti	kleingeschnitten untermischen.
Variation:	blaue Zwiebel statt Cibouletti.
	Oder 3 Palmitos in Rädchen schneiden, untermischen, mit Dill und feinstgehackter Petersilie bestreuen. (Dann keine Zwiebel verwenden.)
Für Kinder:	Mais mit süßer Sahne und Kräutern.

Kürbis (Cuburbita pepo,maxima)

Kroatischer Kürbis-Salat

400 g Kürbis	kleinwürfelig kurz in
etwas Kürbiskernöl	dünsten,mit
2 Tomaten	gewürfelt
1 gelben Zwiebel	gehackt,vermischen,mit
1 Knoblauchzehe	gepresst
1 TL Kümmel	
1/2 TL Dill	gehackt und
Rosenpaprika	abschmecken. Lauwarm servieren. Als Beilage zu Fleisch.

Kürbis-Salat roh

500-700 g Kürbis	schälen,aufschneiden,mit Löffel Samenkerne entfernen. Grob raffeln,
4 Tomaten	schälen (durch Eintauchen in kochendes Wasser) und würfelig geschnitten zugeben.
1 EL Obstessig	nach Belieben
Pfeffer	aus der Mühle und
2 EL Distelöl	verrühren und untermischen.
1 TL Koriandersamen	trocken,ohne Fett geröstet obenauf streuen.

Melonen (Cucumis melo L.)

Zuckermelone,Ogenmelone oder Kantalupmelone sind für einen kühlen,frischen,ein bißchen exotischen Salat am besten geeignet.

Melonen-Salat

1 reife Melone von 750 g oder 2 kleine	werden halbiert,mit einem Löffel Kerne und Flüssigkeit herausgeschabt. Mit Kartoffelausstecher kleine Kugeln formen. In einer zugedeckten Schüssel sehr kalt stellen. Inzwischen
1/4 Sellerieknolle	schälen,in feinste Stifte schneiden
1/2 Fenchelknolle	ebenso vorbereiten.
1/5 l süße Sahne	steif schlagen,
2 EL Majonnaise	und
2 EL Tomaten-Ketchup	verrühren,Sahne unterheben,mit Sellerie,Fenchel und den gekühlten Melonen mischen. Mit feingehackter
Minze	bestreuen. Mit
2 Baumtomaten	abgezogen und in Scheibchen geschnitten,garnieren.

Chinakohl (Brassica chinensis L.)

längliche,helle,festgeschlossene Stauden mit leichten gerunzelten Blättern. Sehr neutral im Geschmack,kann gut mit anderen Sorten gemischt werden. Nicht empfindlich,kann kühl gelagert auch angeschnitten 4 Tage frisch gehalten werden.

Chinakohl-Salat

1000 g Chinakohl	Strunk kürzen,Kohl halbieren,in Biosmon- oder Salzwasser waschen,feinnudelig schneiden. (Einige schöne Scheiben zur Garnierung beiseite legen.)
4 EL Distelöl	damit vermischen und gut durchziehen lassen. Entweder mit
Haus-Soße S.166	oder mit folgender Soße nach dem Durchziehen mischen:
3 EL Joghurt	
1 TL Sojasoße	
1 EL Sahne	
2 EL Essig	fest verrühren
1/2 Knoblauchzehe	gepresst
1 EL weiße Zwiebel	feingeschnitten zufügen. Den Salat mit
Pfeffer	aus der Mühle und
Schnittlauch	bestreut zu Tisch geben.
Variationen:	1-2 kleine Peperoni in Öl fein schneiden, untermischen,mit Minze statt mit Schnittlauch bestreuen. Oder:
	ohne Knoblauch und Zwiebel,statt dessen 1 EL gehackte Walnüsse oder ungeschälte Mandeln untermischen.
Für Kinder:	letzte Variation wird gerne gegessen, auch mit einem geriebenen Apfel und geraffelten Karotten.

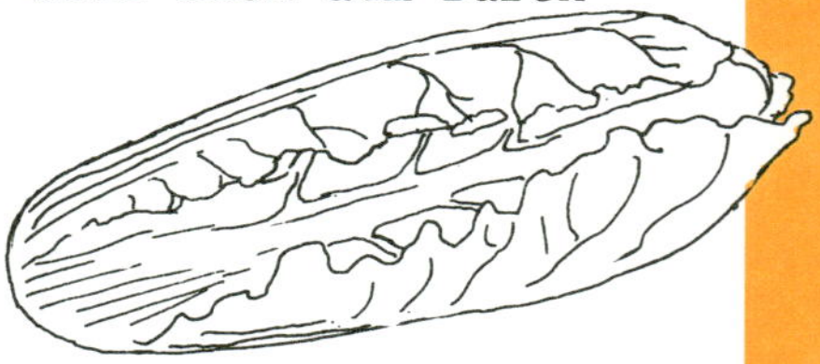

Staudensellerie (Apium graveoleus)

Bleichsellerie,Stengelsellerie. Gelbe bis hellgrüne kräftige Blattstiele. Ein sehr joulearmes Gemüse,das in verschiedenen Variationen zubereitet werden kann.

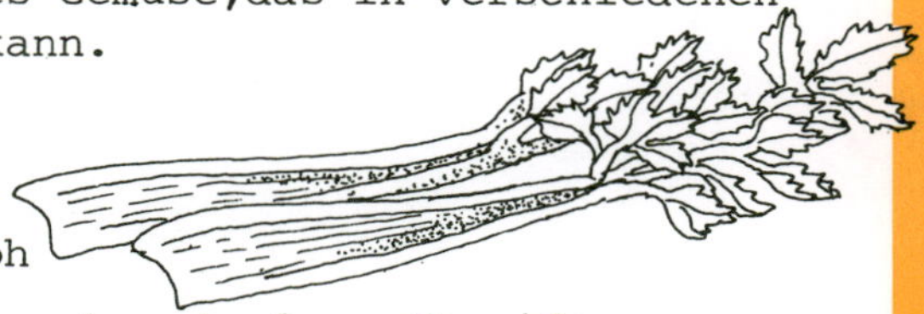

Staudensellerie-Salat roh

500 g Staudensellerie	putzen,waschen,in 3 cm Streifen schneiden.
200 g Gemüsefenchel	Knolle dünnst schälen,hohle Stiele entfernen,das Grün hacken. Fenchel waschen,in feine Streifen schneiden, unter den Staudensellerie geben. Mit
4 EL Öl	und
1/2 TL Selleriesalz	durchmischen und ziehen lassen Dann
2 EL Rotweinessig	
M oder V und Muskat	zufügen. Gut vermischen.
Variation:	mit Haus-Soße S.166 herstellen,gut durchziehen lassen.

Staudensellerie gekocht

1000 g Staudensellerie	putzen,in ca. 10 cm lange Stücke teilen. In Salzwasser nicht zu weich kochen,auf eine Platte legen. Von der Brühe
1 Tasse	abnehmen,mit
hellem Weinessig	
M oder V	eine kräftige Brühe herstellen,über die heißen Stangen gießen und durchziehen lassen. Wenn erkaltet,mit
2-3 EL Öl	begießen und mit gehacktem
Dill und Petersilie	bestreuen.

Staudensellerie mit Roquefort

800-1000 g Staudensellerie	waschen, Wurzel abschneiden, große Stengel teilen, in 2 cm Streifchen schneiden, mit
Roquefortdressing S.169	anmachen. Mit
Delikatess-Paprika	überpudern.

Wachsbohnen-Salat (gelbe Bohnensorte)

500 g Wachsbohnen	putzen, waschen, in ca. 4 cm lange Stücke brechen. In Salzwasser 25-35 Min. nicht zu weich kochen. Abtropfen lassen. Inzwischen
1 grüne Paprikaschote	und
1 weiße Zwiebel	in sehr dünne Streifen schneiden, zu den Bohnen geben.
1/2 Tasse heißes Wasser 2-3 EL Weißweinessig M oder V	vermischen und über die Bohnen geben. Gut durchziehen lassen. Zum Schluß
1 TL frisches Bohnenkraut 1 EL Petersilie	feingehackt anstreuen und
3 EL Öl	untermischen. Ringsum einen Kranz legen von
2 Tomaten	die man in Scheiben geschnitten, mit
schwarzem Pfeffer	und gehacktem
Basilikum	bestreut hat. Lauwarm servieren.

Gelber Paprika (Capsicum annuum)

die gelbe Paprikasorte ist etwas fester im Fleisch als grüner oder roter Paprika. Bei Mischsalaten mit gelbem Paprika ist es deshalb angebracht,ihn vorher ein wenig alleine in einer Marinade oder einfach in etwas Öl ziehen zu lassen.

Gelber Paprika-Salat

Beisalat für 4 Personen

3-4 Schoten	von Stiel,Samen und Innenwänden befreien und waschen. Die Paprikahälften mit der Hautseite nach unten auflegen (so geht's leichter zu schneiden) und mit einem scharfen Messer in feine Streifen oder Ringe schneiden.
1 weiße süße Zwiebel	schälen,in dünnen Ringen zugeben.
1 TL Honig	mit
2 EL Obstessig	
2 EL Weißwein	vermischen,über die Ringe geben,mit
3 EL Öl	durchziehen lassen.
1/2 TL Basilikum	gehackt anstreuen und den Salat leicht mit
Rosenpaprika	überstreuen.

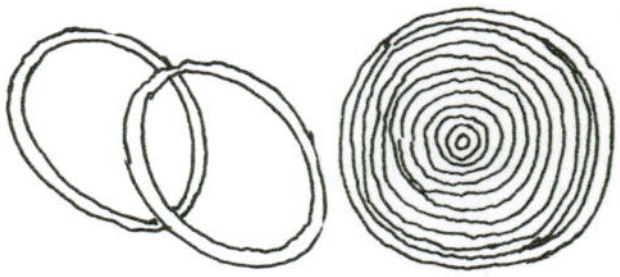

Zwiebel-Salat

1 große Gemüsezwiebel	schälen,in kaltes Wasser legen,
1 mittlere blaue Zwiebel	ebenso. In der Zwischenzeit
3 EL hellen Weinessig	
M oder V,Streuwürze	und
3 EL Öl	vermischen. Zwiebel in ca. 3 mm Ringe schneiden oder hobeln,mit Soße begießen,vorsichtig vermischen, mit
6 Zwiebelröhrchen (Ciboulettі)	geschnitten,bestreuen. Sofort servieren. Zwiebelsalate werden sonst bitter.

Chicorée (Cichorium intibus)

Bleichzichorie,Belgische Endivie. Fest geschlossene,weiße kolbenförmige Stauden mit hellgelben Rändern. Strunk am besten keilförmig herausschneiden,kann bitter sein. Milder, neutraler Salat,der großen Spielraum in der Zubereitung läßt. Sollte aber nur mit Salaten seiner Konsistenz gemischt werden, da er die Soßen langsamer annimmt.

Chicorée-Salat

(Bild nebenan) 2 Personen

1-2 Chicorée	halbieren,Strunk herausschneiden,in Salzwasser,dem man etwas Zucker zugesetzt hat,waschen. Die Hälften nochmals halbieren. Gut abgetropft in eine Schale geben.
1 kl. roten Apfel	gut gewaschen stiftelig schneiden,
5 Walnüsse	grob hacken,beides über die Chicoréestreifen streuen.
	Zur Soße:
1 kleine Banane	pürrieren,mit
3 EL Orangensaft	beträufeln.
2 EL Joghurt	und
2 EL Tomaten-Ketchup	unterrühren,auf die übrigen Zutaten geben.

Chicorée naturell

4-6 Chicorée	Strunk herausschneiden,waschen wie oben. 3-4 cm breite Streifen schneiden Sehr gut ausschütteln. Nicht stehen lassen,sofort anmachen.
2 EL hellen Weinessig	mit
1 Msp. Salz	
2 EL Öl	fest verschlagen,über die Chicoréestreifen geben,gut durchmischen,mit
2 EL Schnittlauch	bestreut servieren.

Weißer Bohnen-Möhren-Salat

200 g weiße Bohnenkerne	über Nacht in 2 l Wasser einweichen. Am nächsten Tag ohne Salz (verkürzt die Garzeit) ca. 1 Std. kochen. Hängt vom Alter der Bohnen ab. Wasser abgießen.
3 Möhren	abschaben, waschen, gleich in die Bohnen grob hineinraffeln.
1 weiße Zwiebel	kleinwürfelig schneiden und
1 Salbeiblatt	recht feingehackt zugeben. Mit
M oder V	und
schwarzem Pfeffer	aus der Mühle würzen.
2 EL Obstessig	mit
4 EL Öl	verrühren, mit den Bohnen vermischen.

Pastinake (Pastinaca sativa L.)

sie ist eine Kreuzung aus Möhre und Petersilienwurzel, ihr Vitamin C-Gehalt liegt höher als bei diesen. Oft findet man sie auf dem Markt in den Körben von Petersilienwurzeln! Die Pastinake ist aber wesentlich kräftiger als die Petersilienwurzel.

Pastinaken-Salat

300 g Pastinaken	gut abbürsten,im Kartoffeldämpfer oder in Salzwasser kochen,schälen, in Scheiben schneiden,mit Soße übergießen und mindestens 2 Std. durchziehen lassen. Zur Soße:
3/4 Tasse heiße Brühe	
1 EL Kräuteressig	
1 Msp. Senfpulver	und
M oder V	vermischen.
1 EL Zwiebelröhrchen	dünn geschnitten auf die Scheibchen geben,
2 EL Öl	darüber verteilen. Nach Belieben
Zitronenpfeffer	aus der Mühle daraufgeben.

Gelber Löwenzahn (Taracsus offizinale)

Kulturlöwenzahn, ähnlich dem grünen Löwenzahn. Die helle Farbe wird durch Abdecken erzielt. Er ist besonders zart, sollte aber mit Kräutern aufgewertet werden.

ca. 800 g gelben Löwenzahn	putzen, in Biosmon- oder Salzwasser waschen, gut ausschütteln, in ca. 8 cm Streifen schneiden, mit einer kräftigen Soße anmachen. Sehr gut passt dazu folgende Soße:
1 TL Kräutersenf 2 EL Estragonessig 1 TL Glutamat 1 Msp. Sambal M oder V 2 EL sauren Rahm	und
Zitronenpfeffer	frisch aus der Mühle verrühren, mit
3-4 EL Öl	dicklich schlagen, mit
1 kleinen blauen Zwiebel	feingeschnitten und
2 EL Kräutern: Liebstöckel Borretsch	und
Basilikum	gut vermischen.

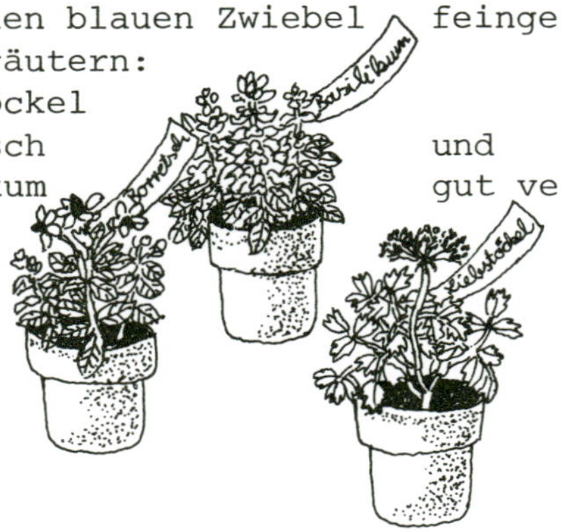

Frisée

Medusenhaupt,Zichorienart. Bei uns erst relativ kurz im Handel. Die schmalen Blätter der flachen Köpfe sind so tief eingeschlitzt,daß sie einen richtigen Wuschelkopf bilden, der durch Bleichen hellgelb wird. Die Rippen sind dünn,dadurch ist der Salat sehr zart aber trotzdem knusprig. Er läßt sich gut unter andere Salate mischen,z.B. Radicchio, siehe Rubrik violett.

Frisée-Salat

2 Stauden Frisée	vom Strunk befreien,äußere Blätter ggf. entfernen,in Biosmon- oder Salzwasser waschen,in ca. 5 cm lange Streifen teilen. Sehr gut ausschütteln
2 EL Rotweinessig	
1 EL Kräutersenf	
1 EL Kaffeesahne	
2-3 EL Öl	verschlagen,mit
1 EL blauen Zwiebel	kleingeschnitten
1 TL Sojasoße	
1 Knoblauchzehe	gepresst und
marokkanischem Pfeffer	aus der Mühle gut abschmecken. Soße mit dem Salat vermengen.
50 g Gartenkresse	in Salzwasser tauchen,fest ausschütteln,erst vor dem Auftragen leicht unter den Frisée heben.
Variation:	1 geraspelte Möhre zugeben,mit Cocktail-Soße S.167 anmachen.
Für Kinder:	ohne marokkanischen Pfeffer.

Möhren, Karotten (Daucus carota)

Gartenmohrrübe, Gartenmöhre, gelbe Rübe, Wurzel. Möhren sind lang und groß und werden hauptsächlich im Winter verwendet, Karotten sind junge runde oder halblange zarte Rübchen. "Wurzel"-Salat kann man also das ganze Jahr über zubereiten. Bei Rohsalaten ist die gute Zerkleinerung und das Anreichern mit Öl wichtig, da das enthaltene Karotin (Vorstufe zu Vit. A) fettlöslich ist. Karotten vertragen auch ein kurzes Kochen ohne große Vitaminverluste. Achten Sie beim Einkauf auf ungespritzte Ware. (Spritzmittel gegen Möhrenfliege setzen sich im Kern der Wurzel konzentriert ab.)

Karotten-Salat

500 g Wurzeln	gut abbürsten, waschen, nur wenn nötig dünnst schälen, reiben, sofort mit
1 EL Obstessig 1 TL Meerrettich	vermischen
1 kl. sauren Apfel	gerieben und
2 EL Distelöl	untermischen. Gleich servieren.

Mohrrüben-Salat aus Camerun

500 g zarte Rüben	abbürsten, waschen, in streichholzgroße Stifte schneiden oder grob raffeln, mit
wenig Zitronensaft	beträufeln.
1/2 frische Ananas	erst in Scheiben, dann in kleine Stifte schneiden, mit den Rüben vermischen.
5 EL Öl	darübergeben und gut vermengen.
Minze	Mit Cocosraspel oder bestreuen.

Karotten-Salat mit Cocktail-Soße

500 g junge Karotten	bürsten, waschen, reiben oder raspeln mit
Cocktail-Soße S.167	übergießen. Cocktail-Soße passt in der Geschmacksrichtung ausgezeichnet zu Karotten. Sollten Sie unbedingt probieren!

Gelbe Rüben-Salat (Auch für Wintermöhre geeignet)

1 l Wasser oder Brühe	mit
1 Lorbeerblatt	
6 weißen Pfefferkörnern	
1/2 TL Senfsamen	und
1 Zwiebel	in Ringen aufkochen, Gewürze herausnehmen.
500-600 g Möhren	gut abbürsten oder dünn schälen, in Stifte schneiden. Im Sud kurz aufkochen, sollen noch einen "Biss" haben.
1 Tasse des Suds	abnehmen, mit
1 EL Apfelessig	
1/2 TL franz. Senf	
M oder V	und
1 Msp. Sambal	verrühren, untermischen. Wenn der Salat etwas abgekühlt ist,
2 EL Öl	dazugeben und mit
1 EL Petersilie	gehackt, bestreuen.

Pfifferling (Cantharellus cibarius F.)

Ein bekannter Speisepilz mit festem Fleisch und kräftigem Aroma. Zu Salaten kleine Exemplare wählen.

Pfifferling-Salat

500 g Pfifferlinge	putzen,nur kurz in Salzwasser waschen, halbieren. Am besten in feuerfestem Topf
1/2 Tasse Brühe	zum Kochen bringen,Pilze hineingeben, 5 Min. leise kochen lassen. An die heißen Pilze mit Sud
1 EL Weißweinessig	
1 TL Pilzsojasoße	
1 Msp. Glutamat	
etwas Pfeffer	aus der Mühle und
1 kleine Schalotte	feingehackt geben. Nach dem Abkühlen
2 EL Öl	und
1 EL Petersilie	
1/2 TL Basilikum	beides feinstgehackt daraufstreuen.

Pfifferling- Sahne-Salat

500 g Pfifferlinge	wie oben vorbereiten und garen.
1 EL Essig	und
M oder V	an die warmen Pilze geben.
1/2 Tasse süße Sahne	
1 EL Majonnaise	verrühren,an die erkalteten Pilze geben. Mit feingehackter
Petersilie	bestreut servieren.

Gemischter Pilz-Salat

Am besten eignen sich nur feste Pilzsorten:
Pfifferlinge,Hallimasch,Täublinge,Zigeuner etc.

1 Tasse Wasser od. Brühe	in einem feuerfesten Topf zum Kochen bringen.
500 g Pilze	säubern,blättrig schneiden 10-15 Min. zugedeckt leise köcheln lassen. Sud etwas abgießen.
1 Schalotte	kleingeschnitten zufügen.
1 TL Obstessig	und
3 EL Öl	untermischen. Mit
Pfeffer	aus der Mühle und
M oder V	abschmecken.
Petersilie	gehackt und
Schnittlauch	anstreuen.
	Eine feine Sache!

Bitte beachten Sie: zu und nach Pilzgerichten keinen scharfen Alkohol trinken! Er macht Pilze schwer verdaulich.

Papaya (Carica papaya L.)

1 reife Papaya	schälen,halbieren,mit Löffel die Kernchen herausschaben,dann in kleine Scheibchen schneiden,in einer Glasschüssel mit
wenig Zitronensaft	beträufeln,
1 Avocado	halbieren,den großen Kern herausnehmen,Fruchtfleisch in nicht zu dünnen Scheiben oder in Kugeln mit den Papaya-Schnitten in eine Glasschale geben.
1/2 Orange	in Viertelscheibchen,
10 g Ingwer kandiert	gestiftelt,mit
1 EL Weißwein	
1 TL Weißweinessig	vermischen,darüberträufeln, kaltstellen. In einem hübschen Gefäß mit
einigen Minzblättchen	bestreut,servieren.

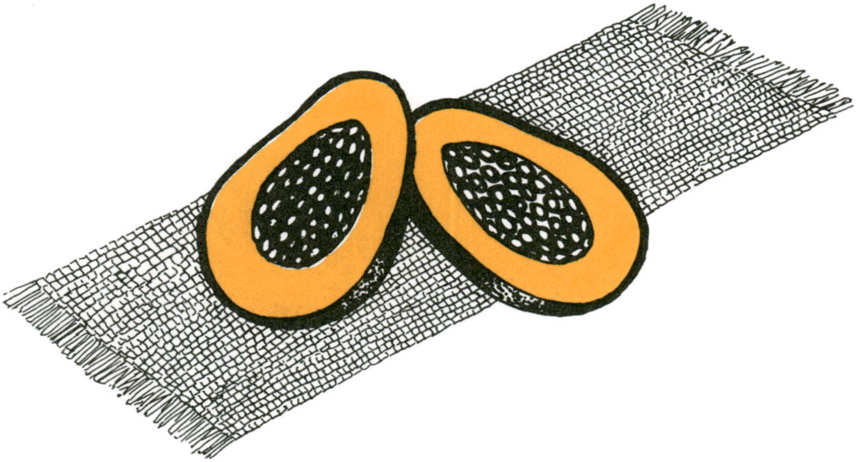

Violette Salate

1 Lattughino
2 Rotkraut
3 Süßkartoffel
4 blaue Zwiebel
5 rote Bete, Rüben
6 Auberginen
7 Radicchio
8 Feuer-oder Käferbohnen

9 schwarze Bohnenkerne

Radicchio (Cichorium intibus)

Zichoriensalat,rot-violett bis rosa-weiß gesprenkelt, ca. faustgroße feste Köpfe. Geschmack schwach bitter,darum etwas Zucker zusätzlich in das Waschwasser geben. Radicchio besitzt wenig Joule,viele Mineralstoffe,Vitamin C und Karotin.

Radicchio-Salat

3-4 Radicchio	putzen,die jungen frischen Wurzeln schälen,in sehr feine Scheibchen geschnitten in
etwas Öl	marinieren und stehen lassen. Inzwischen die Blätter nach Angabe waschen. Gut abgetropft mit Salatsoße und Wurzelscheibchen vermengen. Zur Soße:
1-2 EL Rotweinessig	
1 Knoblauchzehe	gehackt
2 EL Öl,M oder V	verrühren mit den feingehackten Kräutern
Basilikum,Petersilie	und
etwas Ysop	vermischen. Nach Belieben
1/2 blaue Zwiebel	in Ringen oder gehackt zufügen.

Radicchio mit Frisée

4 mittlere Radicchio	von der Wurzel befreien,wenn diese frisch ist,dünn schälen,in kleinen Scheibchen oder fein geraspelt in
etwas Öl	marinieren. Die Radicchio-Blätter in Salz- oder Biosmonwasser waschen.
1 Kopf Frisée	vom Strunk trennen,äußere Blätter ggf. entfernen,waschen,in ca. 5 cm Stücke teilen. Beide Salatsorten abgetropft in eine Schüssel geben.
3 EL Rotweinessig	
1/2 TL Senfpulver	
1 Knoblauchzehe	gepresst
schwarzen Pfeffer	aus der Mühle
3 Tropfen Tabasco	
1 TL Sojasoße	und
3-4 EL Öl	fest verschlagen,mit dem Salat vermischen.
100 g Garten- oder Brunnenkresse	gewaschen und gut getrocknet darunterheben.
Für Kinder:	auf Zugabe von Tabasco und Pfeffer verzichten.

Radicchio mit Endivie

2 Endivien	vom Strunk befreien,äußere Blätter ggf. entfernen,gründlich in Biosmon- oder Salzwasser waschen. Von
600 g Radicchio	die Wurzeln und evtl. Außenblättchen abtrennen,ebenso waschen. Beide Sorten gut ausschleudern. Immer mehrere Blätter zusammenrollen und diese mit langem scharfen Messer nudelig schneiden. In eine genügend große Schüssel geben.
1 blaue Zwiebel	feinwürfelig geschnitten zufügen. Soße bereiten:
2 EL Rotweinessig	
1 EL franz. Senf	
2 EL Kaffeesahne	verrühren mit
marokkanischem Pfeffer	aus der Mühle und
1/2 Knoblauchzehe	gepresst,abschmecken,alles mit
3 EL Öl	verschlagen bis Soße dicklich ist, über den Salat geben,mit reichlich
Schnittlauch	und gehackter
Petersilie	vermischen.
Für Kinder:	Pfeffer weglassen.

Rote Bete (Beta vulgáris L.)

Rote Rüben,Randen,Rannen,Salatrübe.
Von hohem gesundheitlichen Wert. Kleine Exemplare besser im Geschmack. Helle Ringe in der Wurzel entstehen bei Feuchtigkeitsmangel. Blätter nicht abschneiden,vorsichtig abdrehen, damit die Wurzel nicht "blutet". Die Roten Rüben werden in warmem Wasser gut abgebürstet,im Kartoffeldämpfer ca. 1 Std. (je nach Größe) oder im Schnellkochtopf ca. 18 Min. gedämpft, dann geschält und nach Rezept weiterverarbeitet.
Nachdem Rote Bete-Salat im Kühlschrank bis zu einer Woche haltbar ist,empfiehlt es sich,gleich größere Mengen herzustellen. Man kann Rote Bete in der Backröhre mit Alufolie bedeckt garen,sind dann im Geschmack sehr fein,dauert aber länger.

Liesel's Roter Rüben-Salat (Grazer Rezept)

1200-1500 g Rote Bete	wie oben beschrieben vorbereiten. Mit glattem oder Buntmesser in Scheiben schneiden.
1 große blaue Zwiebel	feingeschnitten zufügen.
4 1/2 Tassen Wasser	
1 1/2 Tassen Apfelessig	
1/2 Stange Zimt	
1 EL Fenchelsamen	
1 TL Zucker	
1/2 TL Salz	zusammen aufkochen,Zimtstange herausnehmen,heißen Sud auf die Rüben gießen. Gut durchziehen lassen. Erkaltet
4 EL Öl	angießen und mischen.

Rote Bete – Roh-Salat

Beisalat für 4 Personen

4 rote Bete	gut mit warmem Wasser abbürsten,kalt abspülen,Wurzel abschneiden,in eine Glasschüssel reiben.
1 mittleren Apfel	mit der Schale grob raffeln.
1 EL Meerrettich	gerieben zufügen. Sofort
1 EL Rotweinessig	darübergeben mit
1/2 TL Kümmel	abschmecken und
2 EL Distelöl	untermischen. Mit
1 EL Schnittlauch	bestreut auftragen.

Claudias Roter Rüben-Salat

4 kleine rote Rüben	waschen,abbürsten,Wurzel abschneiden, grob raffeln,
1 Tasse Joghurt	mit
1 TL Obstessig	
1 TL Honig	und
1 EL Öl	vermischt darübergeben.
2 kleine Äpfel	(ungespritzte) mit der Schale stifteln oder grob raffeln,sofort unterheben und mit
Dill und Schnittlauch	bestreut zu Tisch geben.

Pikanter Rotkraut-Salat

1 kleinen Rotkrautkopf	halbieren, Strunk herausschneiden, in Biosmon- oder Salzwasser waschen. Abgetropft erst vierteln, dann sehr fein hobeln oder recht fein schneiden. Mit
3-4 El Öl	gut durchmischen. Zugedeckt ca. 2 Std. stehen lassen.

3 El Meerrettich	frisch gerieben oder aus dem Glas, mit
1 Apfel	gewaschen, ungeschält geraffelt und
3 El Rotweinessig	vermengen.
1/8 l süße Sahne	steifschlagen und darunterheben.
Variation:	8-10 Radieschen in Scheibchen geschnitten untermischen. Oder 2 El frische grobgehackte Walnüsse einstreuen.
Für Kinder:	Meerrettich besser weglassen.

Rotkraut-Salat

1 kl. Rotkraut-Kopf	halbieren,Strunk herausschneiden,in Biosmon- oder Salzwasser legen,abtropfen lassen,in eine Glasschüssel hobeln oder fein schneiden,sofort mit
1/2 Tasse Weinessig	vermischen,damit das Rotkraut seine Farbe behält. Zudecken.
1 kl. blaue Zwiebel	feinschneiden
1 Apfel	ungeschält stifteln,beides mit
1 TL Salz	
1 TL Dillsamen	unter das Kraut mengen.
1 TL Sauerbratengewürz	in
1 Tasse heißer Brühe	aufkochen,absieben,angießen,vermischen. Mindestens 1 Std. stehen lassen. Abschmecken. Dann mit
4 EL Öl	vermischen.
Als Variation:	1 Tasse blaue Trauben am Schluß daruntergeben.
	Bei der Verwendung von Dosenkraut darauf achten,daß es von guter Qualität und nicht als Gemüse zubereitet ist.
Für Kinder:	in allen Variationen.

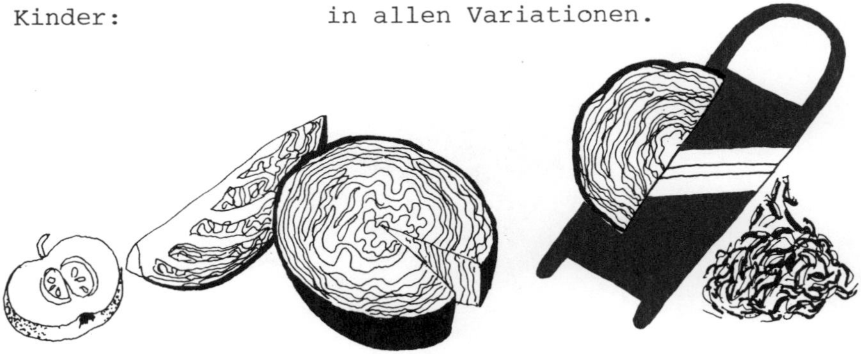

Rot-/Weißkraut-Salat

1/2 Kopf Weißkraut 1/2 Kopf Rotkraut	beide vierteln, in Biosmon- oder Salzwasser legen, Strunk herausschneiden, grobe Rippen abflachen, sehr fein hobeln.
2 Tassen heiße Brühe 4 EL Apfelessig 1 Msp. Piment M oder V	mit vermischen, heiß unter das Kraut geben. Zugedeckt 1 Std. warmstellen. Öfter umwenden! Mit
4 EL Öl 1 blaue Zwiebel	durchmischen. Nach Belieben in feinste Längsstreifen geschnitten untermischen.
Variation:	Für einen sehr bunten Salat können Sie noch 1 gelbe Rübe hineinreiben. Für einen milden Salat Rotweinessig verwenden und 2 ungeschälte Äpfel hineinraffeln.
Für Kinder:	mit gelber Rübe oder mit Apfel sehr beliebt.

Ostergruß

eine längliche rotlila Rettichsorte,ein bißchen kräftiger als Radieschen. Ein früher zarter Rettich,der feingehobelt auch in grüne Salate passt.

Lila Rettich-Salat

4-5 lila Rettiche	gut waschen,ungeschält in eine Schüssel hobeln.
2 EL hellen Weinessig	und
2 EL Öl	angießen,mit
M oder V	abschmecken.
Dill	feingehackt und
Schnittlauch	darüberstreuen. Köstlich frisch!

Violetter Kohlrabi

violetter Kohlrabi gilt als besonders zart,wird wie grüner verwendet.

Mimi's Kohlrabi-Salat

3 zarte Kohlrabi	dünn schälen,fein hobeln,das zarte Grün (Herz) waschen und kleinschneiden,
2 gelbe Rüben	abbürsten,waschen und auch in Scheibchen hobeln,alles mischen.
1 EL Apfelessig	mit
M oder V	
schwarzem Pfeffer	frisch aus der Mühle und
2-3 EL Öl	verrühren,zugeben. Gut durchziehen lassen. Mit
Schnittlauch	bestreut auftischen.

Aubergine (Solanum melongena)

Eierfrucht,eggplant,Melanzane. Glänzend violette,länglich birnen- manchmal gurkenförmige Frucht. Kann nicht roh genossen werden. Weiße Abart gleiche Zubereitung. Alleine etwas langweilig im Geschmack,gut würzen.

Auberginen-Okra-Salat

4 mittlere Auberginen	waschen,in 5 mm Scheiben schneiden,in heißem
Öl	rasch hell braten,abgetropft auf eine Platte legen,mit
1 Zehe Knoblauch	sowie
1 EL Petersilie	gehackt bestreuen. Von
200 g Okras	Stiele und trockene Spitzchen abschneiden. Okras im Öl braten,auf die Auberginen legen.
2 Tomaten roh	in Scheiben und
1 weiße Zwiebel	in Ringen ebenso daraufgeben.
1 EL Weinessig	mit
2 EL Wein	
1 Msp. Salz	und reichlich frisch gemahlenem
schwarzem Pfeffer	vermischen,über das Gemüse geben.
1/2 TL Oregano	auf den Salat streuen.

Auberginen-Tomaten-Salat

2 mittlere Auberginen	werden in der Backröhre halbweich gebraten,geschält u.gewürfelt.
6 kleine Tomaten	gibt man kurz in kochendes Wasser, schält sie und vermischt sie in Scheiben geschnitten mit den Auberginenwürfel.Obenauf verteilt man
10 gefüllte Oliven	und
1 weiße Zwiebel	in Ringen geschnitten,übergießt mit einer Vinaigrette-Soße S.165 und läßt das Ganze gut durchziehen.

Auberginen-Tomaten-Salat

3 kleine Auberginen	waschen, Stiel entfernen, in Scheiben schneiden, mit
Zitronensaft	beträufeln, mit
Selleriesalz	bestreuen, durchziehen lassen. Mit Küchencrepp abtupfen.
2 Zehen Knoblauch	und
1 Zweiglein Rosmarin	in
3 EL Öl	erhitzen, herausnehmen, die Auberginen in diesem gewürzten Öl rasch braten, auf eine Platte legen.
5 reife Tomaten	in kochendes Wasser tauchen, kalt abschrecken, Haut abziehen, in Scheiben schneiden, um die Auberginen legen. Mit
marokkanischem Pfeffer	aus der Mühle bestreuen.
5 EL Joghurt	
1 TL Minze	gehackt
1 EL Öl	vermischen, über die Auberginen und Tomaten geben.

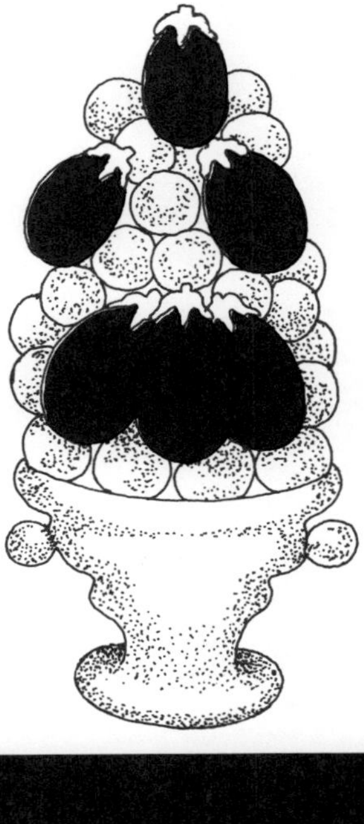

Feuerbohnen (Phaseolus coccineus)

Käferbohnen,3-4 cm große getrocknete Kerne einer großhülsigen Stangenbohne. Leuchtende Farben,lila,schwarz gesprenkelt, beige und weiß-braun getüpfelt. Beim Einkauf auf gleichgroße, glatte Kerne achten,damit sie gleichmäßig garen.
Ein solcher Bohnensalat schmückt jede Salatplatte. Sehr sättigend,darum nur als Beisalat verwenden.

Steirischer Bohnenkern-Salat

200 g Käferbohnen (Feuerbohnen)	über Nacht einweichen. Im Einweichwasser langsam ohne Salz kernig kochen (1 1/2 - 2 Std.).
1/2 Tasse Apfelessig	
1 Tasse heiße Brühe	
1 Zehe Knoblauch	gehackt
1 Msp. Salz	und
schwarzen Pfeffer	aus der Mühle vermischen,mit
1 TL frischen Thymian	gehackt
1 blauen Zwiebel	kleingeschnitten
	an die warmen Bohnen geben,gut durchziehen lassen.
	Wichtig:
2-3 EL Kürbiskernöl	darübergeben,gibt dem Salat den besonderen Geschmack. Lauwarm serviert schmeckt er am besten!

Schwarzer Bohnenkern-Salat

200 g schwarze Bohnenkerne	in ca. 2 l Wasser über Nacht einweichen. Im Einweichwasser ohne Salz (verkürzt die Garzeit) offen bei gelinder Hitze ca. 1 1/2 Std. leise köcheln lassen. Wasser abgießen.
1/2 Tasse Brühe 6 EL Obstessig 4 EL Öl 1/2 TL Streuwürze	verschlagen, mit den warmen Bohnenkernen vermischen.
1/2 blaue Zwiebel Thymian 1 Knoblauchzehe	kleinschneiden, daruntergeben. Etwas anstreuen. Nach Belieben kann gehackt untergemischt werden. Wichtig: Salat lauwarm servieren.

Zwiebel-Salat

als Beisalat für 4 Personen

3 mittlere blaue Zwiebeln	schälen,in Wasser legen
3 kleine rote Chilli-schoten,in Öl eingelegt	in feinste Streifchen schneiden,
3 Lauchzwiebel (Zwiebelröhrchen)	dünn schneiden.
2 EL Rotweinessig	mit
Streuwürze,M oder V	und
2 EL Öl	verschlagen,Zwiebel in Ringe schneiden,mit der Soße vermischen. Obenauf
1 TL Dill	feingehackt streuen. Sofort servieren. Zwiebelsalate verlieren sonst an Geschmack.

Violetter Blumenkohl

eine süditalienische Sorte,die beim Kochen grünlich wird. Zubereitung siehe Blumenkohl,weiße Rubrik S.112,113.

Violetter Broccoli

Variation des grünen Broccoli. Zubereitung wie bei diesem. Siehe Rubrik grün S.55.

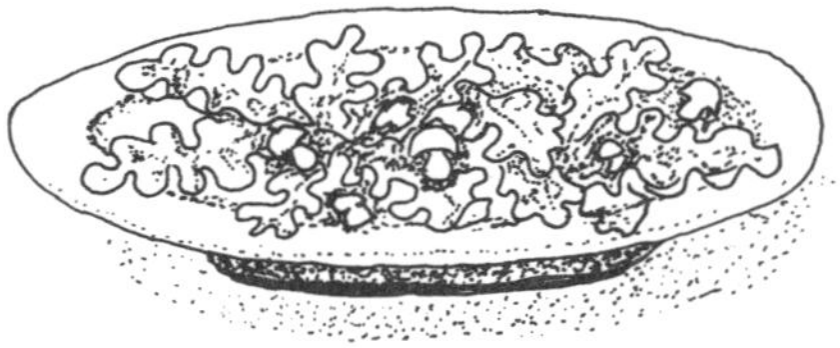

Eichblatt-Salat

ein edler,dunkelweinroter Salat,dessen Blätter dem Eichenlaub ähnlich gerandet sind.Vorsichtig gewaschen, werden sie kaum zerkleinert gleich auf Teller verteilt,mit einer leichten Soße aus 1 TL Balsamico-Essig,2 EL Rotwein,3 EL Öl, Pfeffer und gehacktem Basilikum besprenkelt - nach Belieben mit frischen Champignon-Trüffel oder Steinpilzscheibchen belegt. Delikat!

Lattughino

ein Wintersalat,der aus dem Süden zu uns kommt und eines mit unserem Pflücksalat gemein hat,daß er keine festen Köpfe bildet. Die kleinen locker zusammengewachsenen Blätter sind in sich gewellt,leicht kraus und violett gerandet. Der Salat hat einen schwach herben Geschmack und eignet sich sehr gut zum Mischen.

Lattughino-Salat

300 g Lattughino	putzen,die verbliebenen Wurzeln abschneiden,äußere Blätter ggf. entfernen. In Biosmon- oder Salzwasser gründlich säubern. Abtropfen lassen.
2 kleine Radicchio	ebenso vorbereiten.
10 Radieschen	waschen,in Scheibchen schneiden. Lattughino und Radicchio in mundgerechte Stücke reißen und mit den Radieschen in eine Schüssel geben. Mit
Mena's Salatsoße S.166	vermischen und mit
Kresse	bestreut servieren.
Variation:	Lattughino wie Endivie feinnudelig schneiden,mit blauen Zwiebelringen vermischen.
Für Kinder:	kleingeschnitten mit Radieschen.

Batavia-Salat

eine violett verbrämte Variation des Kopfsalates mit etwas festeren Blättern, wird wie Grüner Salat S. 33 zubereitet oder in Mischsalaten verwendet. Sehr herzhaft!

Unser
Roter Rüben-Rettich-Salat

als Beisalat für 4 Pers.

2 kleine rote Rüben	werden gründlich gewaschen, sehr gut abgebürstet und mittelfein gerieben.
1 weißen Rettich	dem Anteil der Rübchen entsprechend,bereitet man ebenso vor und vermischt das rote und weiße Geriebene.
1/2 Tasse süße Sahne	wird untergerührt,das Ganze mit
M oder V	abgeschmeckt und kurz kühl gestellt.Mit
Schnittlauch	bestreut sieht der Salat nicht nur hübsch aus,sondern schmeckt auch gut und ist gesund.

Für Kinder: sehr gut geeignet.

Weiße Salate

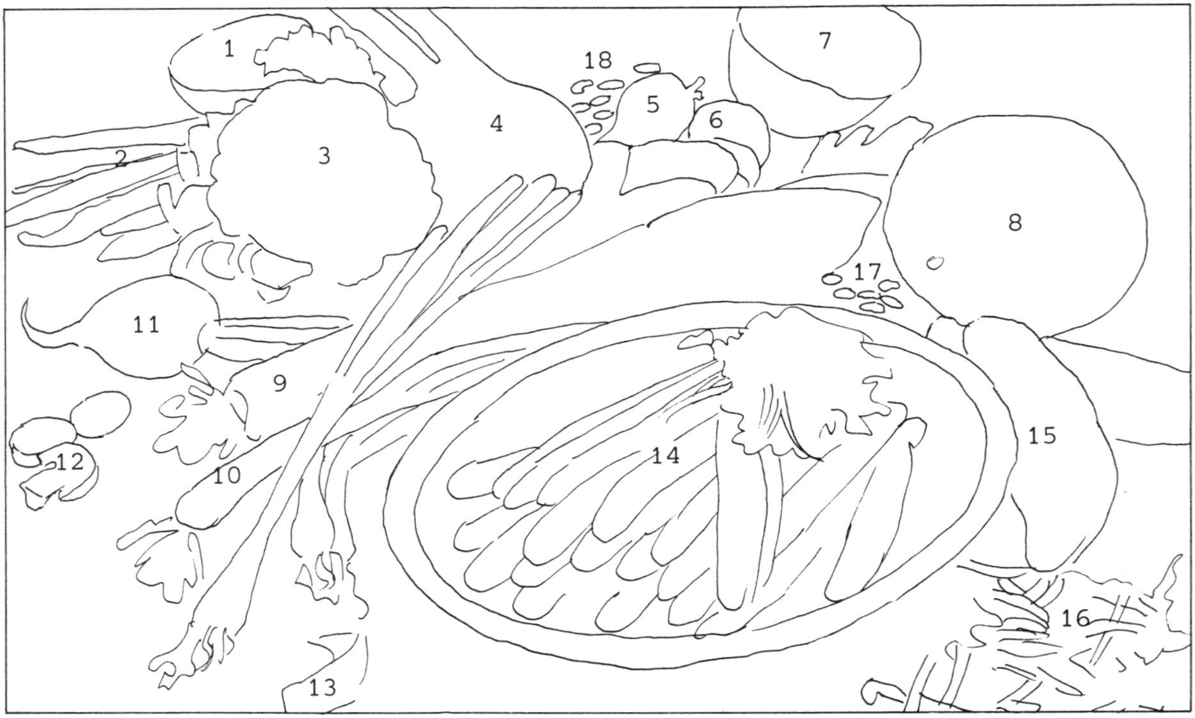

1 Sellerie
2 Schwarzwurzel
3 Blumenkohl
4 Fenchel
5 Teltower-Rübchen
6 Zwiebel,weiß
7 Weißkraut
8 Melone
9 Lauch
10 Cibouletti (kl. Zwiebelröhrchen)
11 Rettich
12 Champignons
13 Knoblauch
14 Spargel
15 Chicorée
16 Sojakeime
17 Flageolets
18 weiße Bohnen (am. Grobbohne)

Spargel (Asparagus officinalis L.)

Delikatessgemüse mit wenig Joule. Das enthaltene Asparagin fördert die Nierenfunktion. Ideale Schlankheits- und Diabetikerkost. Beim Einkauf auf feste,frische,helle Ware achten. Für Salat mittelstarke Stangen von erster Qualität wählen. Bei der Zubereitung auf scharfe Zutaten verzichten,um den feinen Eigengeschmack nicht zu zerstören. Zum Aufbewahren die Stangen ungebündelt in ein feuchtes Salzwassertuch schlagen, in Plastikbeutel stecken,gut verschließen. So verpackt im Kühlschrank mindestens 4 Tage frisch.

Spargel-Salat

1000 g Spargel	sehr dünn schälen,am Kopf beginnend nach unten dicker werdend. Ein wenig abschneiden,in nasses Salzwassertuch legen,bis alle Stangen geschält sind. In
Salzwasser	mit
1 Prise Zucker	nicht zu weich kochen. (ca. 20 Min.) Spargelwasser mit
1/2 Tasse Weißweinessig	und
M oder V	vermischen. Spargel in tiefere Schale legen,mit der warmen Soße begießen, bis fast bedeckt. Ca. 2 Std. ziehen lassen,öfter mit der Soße übergießen,
2-3 EL Öl	darauf verteilen und mit
Schnittlauch	bestreuen. Der Eigengeschmack bleibt bei dieser Zubereitung sehr gut erhalten.

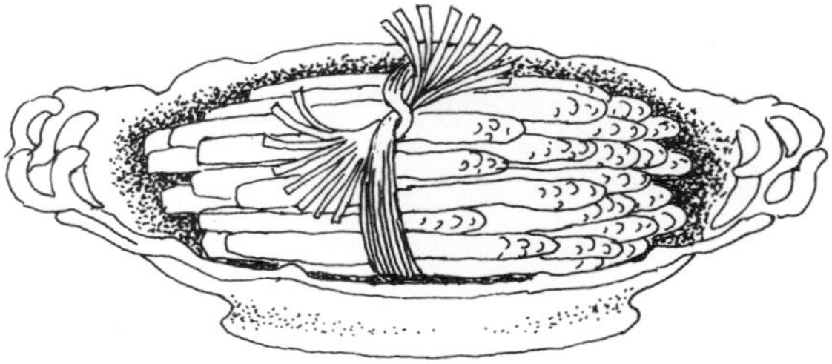

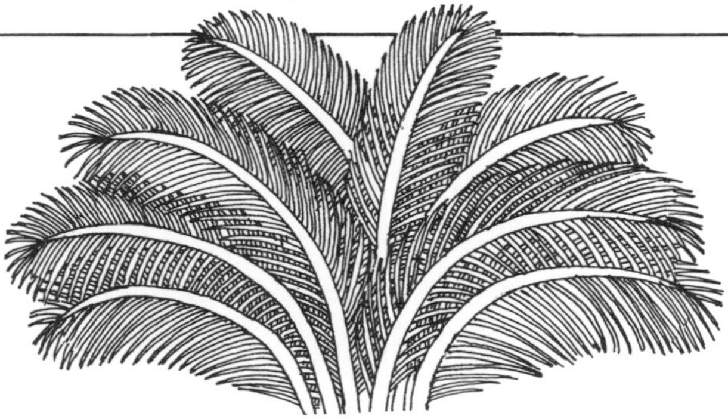

Palmitos (Euterpe catinga,Euterpe edulis)

Palmenmark,Palmenherzen,sind bei uns als Dosenware erhältlicht. Sie sind zur Ergänzung einer anspruchsvollen Salatplatte gut geeignet. Da Palmitos sehr fein im Geschmack und zart in der Konsistenz sind,sollten Sie als Feinschmecker keine scharfen Zutaten verwenden.

Palmito-Salat

2 Eier	10 Min. kochen,in kaltes Wasser legen. Flüssigkeit einer
800 g Dose Palmitos	abgießen. Die Stangen halbieren,auf einer Platte hübsch arrangieren.
2 EL Weißwein	
1 EL Weißweinessig	
2 EL Öl	
1 Msp. Glutamat	
1 Msp. Macis	fest verschlagen,übergießen. Die Eier hacken,mit
Petersilie und Dill	feinstgeschnitten mischen,auf den Salat streuen. Gut durchziehen lassen.
Für Kinder:	etwas besonderes!

Waldorf-Salat

1 große Sellerieknolle	schälen, abwaschen, sehr fein stiftelig schneiden, in eine Schüssel geben, sofort mit
1 Tasse Joghurt	vermischen, damit er sich nicht verfärbt.
2 Tafeläpfel	waschen, ungeschält gestiftelt,
1 reife Birne	waschen, schälen, auch stiftelig geschnitten zufügen.
1 Tasse frische Walnußkerne	geschält und geviertelt dazugeben.
1/2 Tasse Majonnaise S.170	oder
Delikatessmajonnaise	mit
1 EL Obstessig	glattrühren
1/4 l süßen Rahm	steifschlagen, mit der Majonnaise vermischt unter den vorbereiteten Sellerie geben.
Variation:	zusätzlich 1-2 Scheiben Ananas in kleinen Stücken untermengen.
Für Kinder:	ein Festsalat.

Sellerie (Apium graveoleus)

Knollensellerie,ein wichtiger Wintersalat mit guten Eigenschaften für unsere Gesundheit. Roh und gekocht ist er ein schmackhafter Beisalat.

Sellerie-Salat gekocht

3-4 mittlere Knollen	unter fließendem Wasser abbürsten, Wurzeln abschneiden,in Kartoffeldämpfer oder Dampfkochtopf nicht zu weich kochen. Schälen,in 3-4 mm Scheiben glatt oder mit dem Buntmesser in eine flache Schale schneiden. Gleich mit reichlich Soße übergießen,bis die Scheiben fast bedeckt sind. Zur Soße:
1/2-3/4 Tasse Weinessig	je nach Schärfe des Essigs
1-2 Tassen Wasser	
1/2 TL M oder V	
1/4 TL Selleriesalz	und
3 EL Öl	vermischen. Salat einige Stunden oder über Nacht durchziehen lassen. Mit
schwarzem Pfeffer	frisch aus der Mühle und
Schnittlauch	bestreut zu Tisch geben.
Variation:	Sellerieknollen wie oben beschrieben kochen,etwas dickere Scheiben schneiden (ca. 5 mm),diese dann zu Streifen teilen,mit
Mena's Salat-Soße S.166	begießen,mit
50 g Gartenkresse	bestreuen. Diesen Salat aber sofort servieren und nicht aufbewahren.

Roher Sellerie-Salat

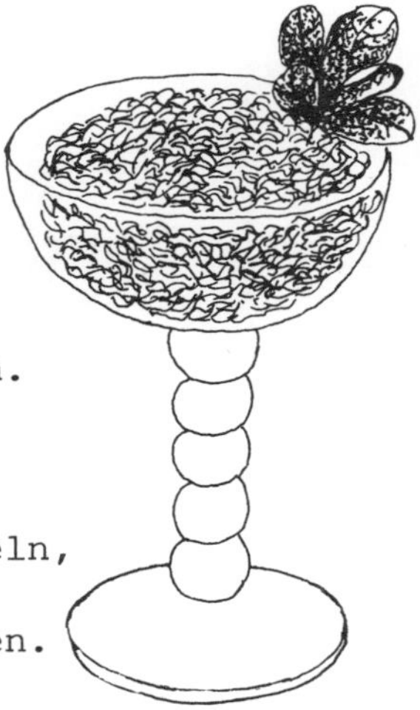

5 EL Joghurt	glattrühren
1 EL Öl	mit
1 TL Meerrettich	und
etwas Curry	abschmecken.
	Sellerie und Äpfel gleich hineinreiben, damit sie nicht anlaufen.
1/2 - 1 Knolle	
ca. 200 g Sellerie	waschen,schälen,in die Soße raffeln,
2 saftige Äpfel	waschen,ungeschält raffeln, zugeben
1 Tasse Walnußkerne	grob gehackt untermischen.

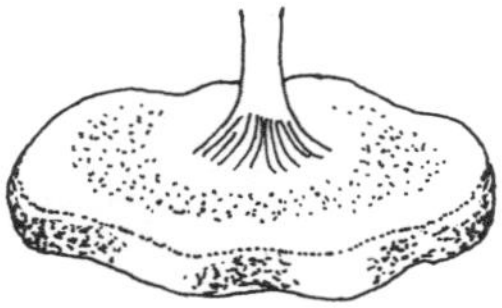

Weiße Artischocke

(Artichaud blanc)

sie hat nichts mit ihrer grünen Namenskollegin gemeinsam. Wer denkt bei diesem weißen,flachen "Kürbis" an eine Artischocke! Sie wird in Salzwasser,dem man einige Zitronenspalten zugegeben hat,ca. 30 - 45 Min. gekocht. Man ißt sie ausgekühlt in Stückchen oder Streifen geschnitten mit einer Kräutersoße S.165 oder einer anderen Dippsoße.

Kartoffel (Solanum tuberosum L.)

Erdäpfel,Krumbirn,für deftige Salate. Kann nur gekocht verwendet werden. Festkochende Sorten wählen: Hörnchen,Mäusle, Sieglinde etc. Grüne Stellen nicht mitverwenden,enthalten Solanin. Stets in der Schale kochen,bzw. im Kartoffeldämpfer ca. 45 Min. oder im Schnellkochtopf 6-8 Min. garen.

Rosa's Kartoffel-Salat

2 Eier	10 Min. kochen,in kaltes Wasser legen.
1 kg kleine Kartoffeln	gut waschen,wie oben dämpfen,gleich schälen,etwas abgekühlt in Scheibchen schneiden.
1 Sellerieknolle	ebenso vorbereiten.
1 weiße Zwiebel	würfelig schneiden,zugeben
1 mittelgroße Salatgurke	dünn schälen,nicht zu fein dazuhobeln.
3/8-1/2 l heiße Brühe	mit
1/2-3/4 Tasse hellem Essig	
1 EL süßem bay. Senf	
etwas Streuwürze	und
M oder V	vermischen,heiß an die Kartoffeln geben,gut vermischen. Eier in Querscheiben (Eierschneider) teilen,am Schluß mit
4 EL Öl	unterheben. Mit reichlich
Schnittlauch	und
etwas schwarzem Pfeffer	aus der Mühle bestreuen. Am besten lauwarm servieren. Kartoffelsalat keinesfalls aufheben! Hübsch sieht er aus mit einem Kränzchen aus Feld- oder Kresse-Salat S.38
Für Kinder:	lediglich Pfeffer weglassen.

Einfachen Kartoffelsalat bereiten Sie ebenso unter Weglassen von Sellerie,Eiern,Gurke und Senf.Gut mit Pimpinelle!!

Yam (Impomea batatas L.)

die feinste der Süßkartoffeln. Kleine Exemplare für Salat verwenden. Wird in der Schale im Kartoffeldämpfer oder in einem Siebeinsatz gekocht. Im Dampfkochtopf verkocht sie zu leicht,denn ihre Garzeit beträgt bei kleineren Exemplaren nur ca. 10 Minuten. Die weitere Verwendung wie bei einheimischen Kartoffeln oder Selleriesalat,gekocht.

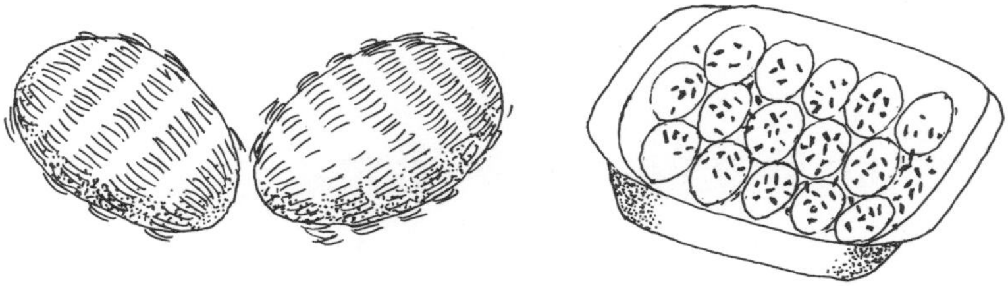

Maniok (Impomea batatas,Manihot utilissima)

Manjiok,lange wurzelähnliche,sehr stärkereiche Süßkartoffel. Nicht so neutral im Geschmack wie die Yams. Vor dem Kochen muß die Schale entfernt werden,da sie blausäurehaltig ist. Die Kochzeit beträgt je nach Größe 30 - 50 Min. Die weitere Zubereitung wie Kartoffelsalat unter Beifügung einer kleingeschnittenen Chillischote in Öl und Basilikum.

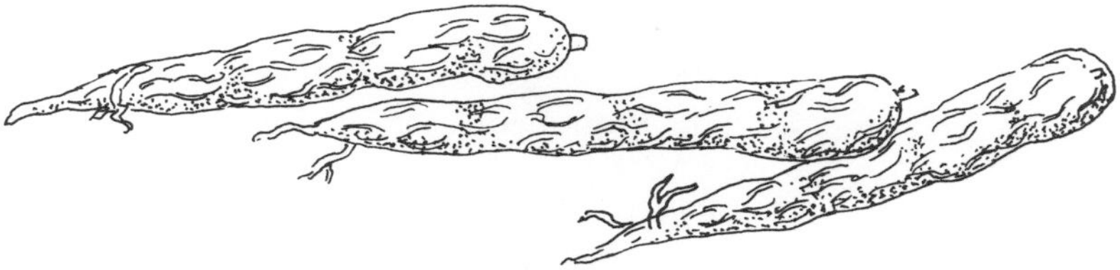

Brasilianische Süßkartoffel (Impomea batatas L.)

Bild S.82

wird am besten nach dem Waschen in Alufolie gewickelt und im Backrohr je nach Größe 1/2 - 3/4 Std. gebacken,geschält und weiter verwendet wie unsere einheimische Kartoffel oder nach Rezept Sellerie-Salat,gekocht S.108 zubereitet.

Blumenkohl (Brassica oleracea ol. var. botrytis)

auch Karfiol genannt, eine Gemüsesorte, die fast das ganze Jahr über erhältlich ist. Es gibt am Blumenkohl nicht viel zu putzen. Roh zählt er zu den "schnellen" Salaten.

Bunte Blumenkohl-Platte

1 Blumenkohl	von den äußeren Blättern befreien, Stiel etwas kürzen, in Salzwasser legen, von
1000 g Broccoli	Rosen abschneiden, Stiele schälen, kleinschneiden und auch in Salzwasser legen.
2 große Möhren	schaben oder dünn schälen, waschen, in lange Stifte schneiden. Alles in Salzwasser garen, Stiele 5 Min. früher einlegen, dann ist alles zur gleichen Zeit fertig. (Garzeit ca. 10 Min.) Nun auf eine Platte zuerst die Broccoli-Röschen legen, in die Mitte den ganzen Blumenkohl setzen, die gelben Rübenstifte in den Blumenkohl stecken. Sieht sehr lustig aus! Nun gießt man eine
Vinaigrette S.165	darüber und läßt gut durchziehen. Immer wieder begießen. Vor dem Auftragen mit feingeschnittener
Petersilie Dill	oder feingehacktem bestreuen.

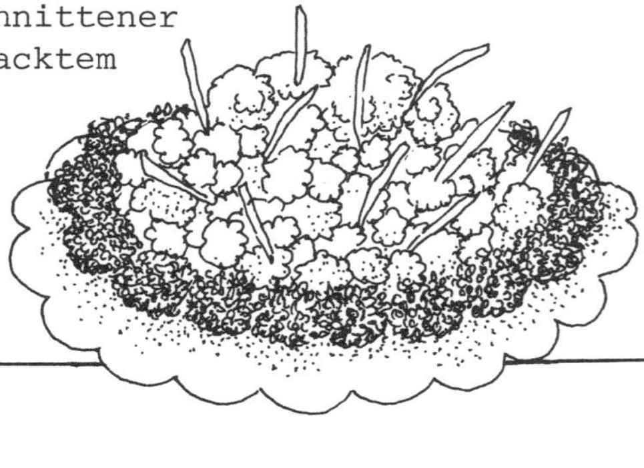

Roher Blumenkohl-Salat

Beisalat für 4 Personen

1 mittleren Blumenkohl	in Salzwasser legen,in kleinere Rosen teilen,dünne Scheibchen schneiden oder raffeln. Strunk schälen,mitverwenden. Mit
Zitronensaft	oder
hellem Essig	beträufeln damit er weiß bleibt.
2 EL Majonaise	glattrühren
1 Tasse süße Sahne	schlagen,unterheben,mit
1/2 TL Curry	und
1 Msp. Dajong	abschmecken. Blumenkohl und Sahnesoße vermischen.
2 EL Walnüsse	wenn möglich geschält und gehackt, daruntergeben. Obenauf mit feingeschnittener
Petersilie	bestreuen.
Für Kinder	Gewürzzugabe verringern.

Heller Mischsalat

Beisalat für 4-5 Personen

1 kleinen Blumenkohl	in Salzwasser legen,Röschen abschneiden,ganz kurz in Salzwasser mit
etwas Zitronensaft	blanchieren,auskühlen lassen, inzwischen
2 große Chicorée	halbieren,waschen,in Querstreifen schneiden,
1 rote und 1 grüne Paprikaschote	von Stiel und Samen befreien,waschen, in dünne Streifen schneiden,
250 g Champignons,roh	putzen,in Scheibchen schneiden,
5 EL Majonaise	mit
5 EL Weißwein	verdünnen,sofort mit den Zutaten vermischen. Kühl mit gehacktem
Dill	bestreut servieren.

Weißkraut (Brassica ol. var. capitata)

Weißkohl,Kabis,Käbbis.Vitam C- und eisenhaltig. Verwandter: der Spitzkohl,auch gut für Krautsalate verwendbar,noch feiner im Geschmack. Da grüne Exemplare vitaminreicher sind,diese bevorzugen. Nur ganz dicke Rippen werden etwas abgeflacht aber nicht entfernt,da sie willkommene Ballaststoffe sind. Verzichten Sie nicht auf die angegebenen Gewürze,die zur guten Verdauung von Kohl sehr nützlich sind.

Unser Kraut-Salat

1 Weißkrautkopf	möglichst grün,wird nur von den harten Außenblättern befreit,halbiert und in Biosmon- oder Salzwasser gelegt,gut gewaschen,fein gehobelt oder sehr dünn geschnitten.
4-6 EL Öl	darübergeben und gut durchmischen. Zugedeckt 1 Std. stehen lassen.
3/4 Tasse Obstessig	mit
3 Tassen heißer Brühe	
Streuwürze	
M oder V	und
1 TL Dillsamen	vermischen,über das Kraut geben,nochmals durchziehen lassen. Mit
Petersilie	bestreut servieren.

Onkel Peppi's Kraut-Salat

für 4-5 Personen

1 Weißkrautkopf von 500-800 g	vierteln,Strunk herausschneiden,in Biosmon- oder Salzwasser waschen, abtropfen lassen,fein hobeln oder schneiden
3-4 TL Salz	einstreuen,mit
1 TL Kümmel	etwas durchgehackt,mischen. Kraut stampfen,bis es glasig scheint. 3/4 Std. ziehenlassen.
1/8 - 1/4 l Weinessig	mit
1/4 - 3/8 l Wasser	verdünnt zugeben,nochmals stehen lassen.
2 EL Petersilie	gewiegt
1 EL Zwiebel	kleingehackt zugeben.
3 El Walnußkerne	grobgehackt in
3 EL feinstem Öl	kurz anlaufen lassen, und erst vor dem Servieren heiß mit dem Öl darübergeben und vermischen.

Bunter Kraut-Salat

Rezept gegenüber,zusätzlich am Schluß:

2 Möhren	schaben, waschen, grob raffeln,
1/4 Sellerieknolle	ebenso vorbereiten, mit dem Kraut vermischen.
2 EL Sauerrahm	einrühren und
1 EL Dill	feingewiegt, daraufstreuen.

KRAUTSALAT, GLEICH IN WELCHER ZUBEREITUNGSART, SOLLTE STETS LAUWARM SERVIERT WERDEN!!!!!!

Bio-Sauerkraut

für 4 Personen

Sauerkraut ist blutdrucksenkend und für Schlankheitskost geeignet. Es sollte vor der Mahlzeit eingenommen werden.

400 g milchsaures Sauerkraut	aus dem Reformhaus, wird mit der Gabel gelockert und in 4 Glasschälchen verteilt, auf jede Portion
knapp 1 EL Distelöl	darübergeben und
1 TL Zwiebel blau oder weiß	feingeschnitten anstreuen.
Variation:	1 unbehandelte gelbe Rübe fein raffeln und einen ungespritzten Apfel hineinreiben. Obenauf kann man zur Abwechselung auch mal leicht mit Delikatesspaprika überpudern.
Für Kinder:	am besten nur mit Rübe oder Apfel und Öl.

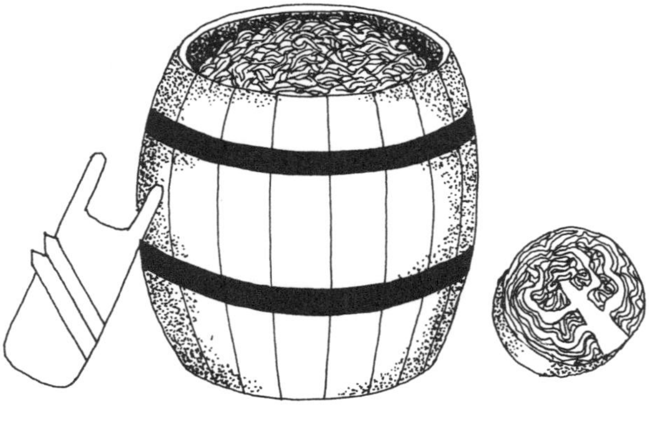

Weinkraut

ist Sauerkraut,dem bei der Herstellung bereits Weiß- oder Apfelwein beigesetzt wurde. Der Joule-Anteil liegt etwas höher.

Weinkraut-Salat

400 g Weinkraut	in eine Schüssel geben,mit Gabel auflockern
1 gelbe Rübe (Möhre)	schaben oder dünn schälen,auf das Kraut raspeln und gleich mit
2 EL Distelöl	beträufeln.
2 Äpfel	waschen,mit der Schale ebenfalls daraufraspeln,mit
wenig Weinessig	beträufeln,damit die Äpfel nicht anlaufen.
1 kl. rote Paprikaschote	oder
1 kl. Tomatenpaprika	in feine Streifchen geschnitten zugeben und alles gut vermischen. Mit
gehacktem Kümmel	oder
Dillsamen	würzen und gleich auftragen.
Variation:	statt Paprikaschoten 1 Tasse helle Trauben geschält und halbiert untermischen.
Für Kinder:	mischt man besser mit Trauben.

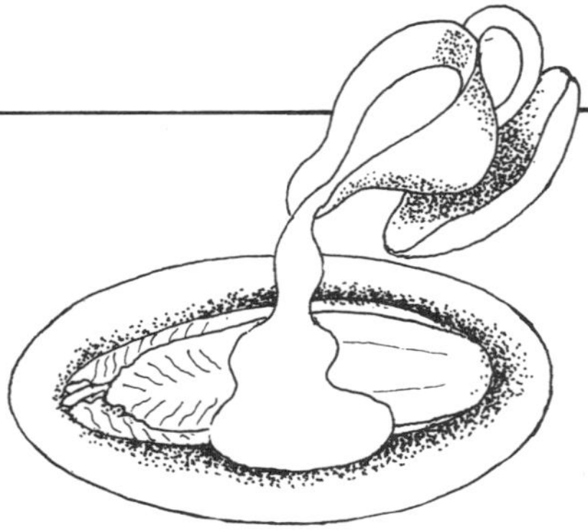

Chicorée à la maison

4 Chicorée	halbieren, Kern herausschneiden, dann in Salzwasser, dem man
1 TL Zucker	zugefügt hat, waschen. Sehr gut abtropfen lassen (wichtig!). Die Hälften (für jede Person 2) füllen. Dazu
2 Bananen	in dünne Scheibchen schneiden, mit
Orangensaft	begießen, dann bleiben sie hell. Die gefüllten Hälften werden für jeden auf einen Teller oder in eine kleine Schale gelegt und mit Soße übergossen. Dazu
1 TL Majonnaise	
1 EL Tomaten-Ketchup	
3 EL Orangensaft	
1 EL Cognac	verrühren
1/2 Tasse süße Sahne	steifschlagen, unterheben. So über den Chicorée gießen, daß die Spitzen noch herausschauen.
1 roten Apfel (roter Delicious)	waschen, mit der Schale gleichmäßig stifteln, auch mit
Orangensaft	begießen.
3 EL Mandeln	abgezogen, gestiftelt und leicht geröstet bereitlegen. Äpfel und Mandeln auf die Soße streuen. Leicht mit
Delikatesspaprika	überpudern. Etwas Besonderes!

Mausi's Chicorée-Salat

für 2 Personen

3 große Chicorée	halbieren,bitteren Kern heraus-schneiden,in Salzwasser,dem man
1 TL Zucker	zugefügt hat,waschen,gut abgetropft in breite Streifen schneiden. Mit Soße vermischen. Dazu
1 Eidotter	
1 TL Obstessig	
1 Prise Knoblauchsalz	(soll nicht vorschmecken)
Pfeffer	aus der Mühle und
3 EL süßer Sahne	verschlagen. Chicoréescheiben gut mit Soße vermischen.

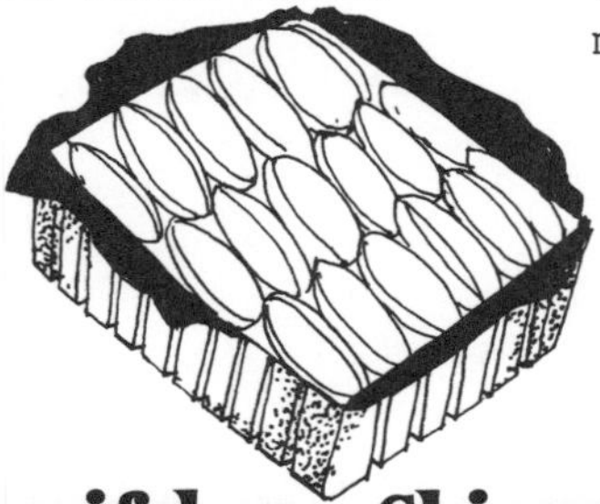

Streifchen-Chicorée mit Möhren

für 4 Personen

5 Chicorée	putzen,Kern herausschneiden,in Biosmon- oder Salzwasser waschen, quer in feine Streifchen nudelartig schneiden,mit
3-4 EL Öl	vermischen
2 Möhren	schaben,waschen,grob raffeln,zugeben.
1 Msp. Senfpulver	
1 Msp. Glutamat	
1-2 EL Obstessig	verrühren,angießen,durchmischen.
Pfeffer	aus der Mühle und kleingeschnittene
Zwiebelröhrchen	daraufgeben.

Sojasprossen (Glycine-Soja S. hispida)

Lunja,Bean-sprouts,frische weiße Keime der Sojabohne,sehr eiweißhaltig,enthalten hochungesättigte Fettsäuren. Für Diabetiker und auch zur Schlankheitskur geeignet. Hoher Anteil an Mineralsalzen und Vitaminen. Nur ganz frische helle Ware (die Köpfchen dürfen nur hellgelb sein!) verwenden.
Sojasprossen können auch selbst gezogen werden,dann besser die Samen der Phaseolus mungo L.var.radiatus, der milderen Mungobohne bevorzugen.

Sojasprossen-Pilzsalat

3 EL getrocknete Mu-err (Chinesische Pilze)	oder auch getrocknete,einheimische
Herbsttrompeten	in lauwarmem Wasser 1 Std. einweichen
125 g Champignons	ganz frische
(Zucht-,Wiesen- oder Waldchampignons)	putzen,nur kurz in Biosmon-oder Salzwasser waschen,in Scheibchen schneiden,nach Belieben mit etwas
Zitronensaft	beträufeln,wenn sie weiß bleiben sollen,beeinträchtigt aber den feinen Geschmack!
125 g Austernpilze	putzen,nur kurz waschen,in ca. 3 cm Streifen schneiden.
350 g Sojasprossen	mit warmem Wasser übergießen,ziehen lassen. Währenddessen die eingeweichten Pilze in frischem Wasser waschen, abgetropft mit den anderen in
1/2 Tasse Brühe	ca. 5 Min. dünsten,die abgetropften Sojasprossen daruntermischen. Soße angießen,locker vermengen. Zur Soße:
2 EL Reiswein od.Sherry	
3 EL Erdnussöl	
1 EL Weißweinessig	
1/2 TL Glutamat	und
1 EL Sojasoße	vermischen.

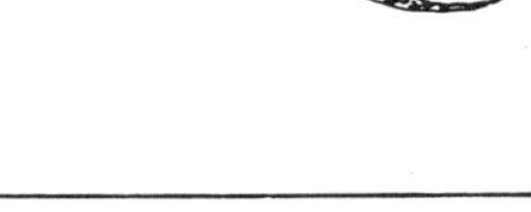

Champignon (Agaricus bisporus Lange)

Der Zuchtchampignon kann vielseitig verwendet werden. Wenn er auch roh gegessen werden kann,entfaltet er sein Aroma erst voll nach dem Erhitzen.

Champignon-Salat

Beisalat für 4 Personen

1 Tasse Wasser	in einen feuerfesten Topf geben,
1/2 Zitrone	in Stücken
1 Knoblauchzehe	geschält
1 Lorbeerblatt	
5 Pfefferkörner	und
einige Nadeln Rosmarin	zufügen. Alles aufkochen. Inzwischen
500 g Champignons	putzen,kurz in Salzwasser waschen, in dickere Scheibchen schneiden,in dem Sud 3 Min. mitkochen lassen. Herausnehmen,Sud auf die Hälfte einkochen lassen,mit
1 EL Weißweinessig	und
Pilzsojasoße	abschmecken,über die Pilze geben.
1 EL Öl	darauf,mit feinstgehackter
Petersilie und Basilikum	überstreuen. Nicht aufbewahren.

Champignon-Salat roh

Beisalat für 4 Personen

500 g Champignons	putzen,kurz in Salzwasser waschen
2 EL Delikatess-Majonnaise	
1/8 l süße Sahne	
weißen Pfeffer	und
2 EL milden hellen Essig	zusammen verrühren,die Pilze in die Marinade geben,gut durchmischen
Petersilie und Dill	feinstgehackt,daraufstreuen.

Austernpilze (Pleurotus ostreatus)

auch Kalbfleischpilze genannt. Zuchtpilze mit kräftigen, graubeigen Hüten. Wachsen dachartig übereinander, dadurch sind die Pilze sauber und müssen kaum geputzt werden. Der Geschmack ist ausgezeichnet, feinwürzig und sehr gut für feine Salate geeignet. (Das Eiweiß des Pleurotus ostreatus enthält alle lebenswichtigen Aminosäuren in größeren Mengen als der Zuchtchampignon, der Agaricus bisporus. Laut Untersuchung des Ungarischen Forschungsinstitutes für Lebensmittelindustrie 1971) Wie bei anderen Pilzen sollte bei einer Pilzmahlzeit auf starken Alkohol verzichtet werden, da dieser die Pilze schwerverdaulich macht. Pilzsalate nicht aufheben.

Austernpilz-Salat

für 4 Personen

500 g Austernpilze	putzen, im ganzen nur kurz in Salzwasser tauchen und waschen, in dickere Scheibchen schneiden, in
1 Tasse Brühe	5 Minuten garen
2 EL Weinessig	gleich angießen. Wenn abgekühlt
4 EL Öl	
1/2 TL Basilikum	und
1 TL Petersilie	beides feingehackt darübergeben, nach Belieben mit
1/2 Knoblauchzehe	gepresst und
etwas Pilz-Sojasoße	abschmecken.

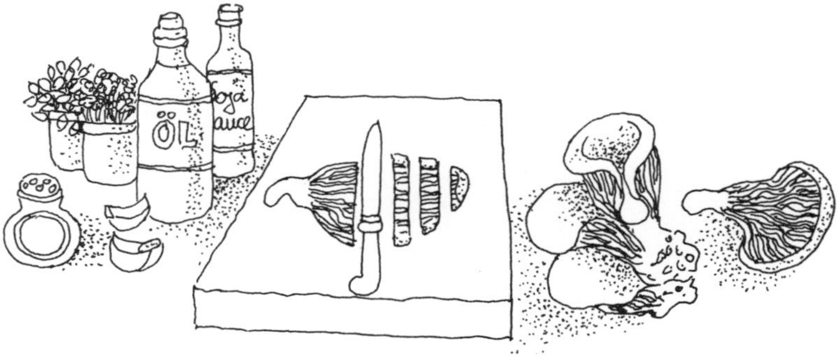

Fenchel-Salat

als Beisalat

2 mittlere Knollen	außen dünn abschälen,nur hohle Stiele entfernen,zarte mit Grün beiseite legen. Knolle halbieren,in Salzwasser waschen, in feine Scheiben hobeln oder schneiden. 1 Std. in
2 EL Öl	marinieren. Das Grün fein hacken und daraufstreuen.
1 EL Weinessig	(kann auch wegbleiben)
2 EL süßen Rahm	
M oder V	
1 Msp. Curry	verrührt mit dem Fenchel vermischen.
Kindersalat:	ohne Essig,schmeckt auch Erwachsenen.

Kräuter Fenchel-Salat

2 Fenchelknollen	wie oben vorbereiten,Streifchen schneiden
1 Msp. Senfpulver	
1 Msp. Streuwürze	in
1 EL Rotwein	verrühren
3 EL Öl	unterschlagen. Folgende Kräuter feingehackt mit untermischen:
Petersilie,Dill	und
Zitronenmelisse.	Mit reichlich
Schnittlauch	bestreut anrichten.

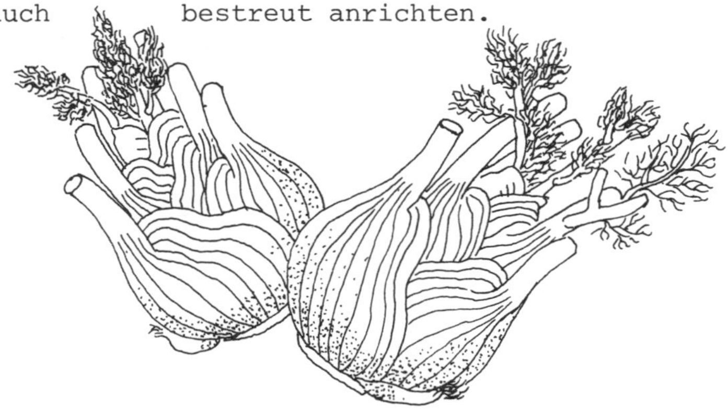

Naturreis (Oryza sativa)

gehört schließlich auch zu den gewachsenen Salatsorten. Er besitzt noch das schimmernde Silberhäutchen und ist wegen seines höheren Vitamingehaltes dem geschliffenen,polierten Reis vorzuziehen. Für Salate ist der Langkornreis mit Silberhäutchen gut geeignet.

Reis-Salat mit Gemüse

Beisalat für 4 Personen

150 g Langkornreis	in
2 l Gemüsebrühe	mit
1 Msp. Safran	körnig kochen in ca. 12-15 Min.,kurz kalt abbrausen,zum Abdampfen in den Topf zurückgeben und in die Backröhre oder auf kleiner Einstellung auf die Kochplatte stellen. Dann auskühlen lassen,währenddessen:
150 g Möhren	und
150 g Sellerie	putzen,waschen,grob raffeln oder stiftelig schneiden
3 saure Äpfel	waschen,ungeschält ebenfalls stifteln
200 g junge Erbsen	frisch auspalen. Alle Zutaten unter den ausgekühlten Reis geben.
3 EL Apfelessig 3 EL Weißwein 1/2 TL Curry 1/2 TL Glutamat 1 Msp. Dajong 1 Msp. Sambal 1 EL Sojasoße 6 TL Öl	verschlagen,unter den Reis geben.
100 g Kresse	oder
100 g Kerbel	gehackt in einem Kränzchen auf dem Salat arrangieren.
Variation:	100 g geputzte rohe Champignons (oder aus der Dose) in Scheibchen geschnitten,untermischen,und 1 EL Majonnaise zugeben.

für WINTERPORREE, WINTERLAUCH (Allium porrum)

ist geeignet:

Unser Lauch-Salat

Beisalat für 4 Personen

2-3 mittlere Stangen	von Wurzeln und hartem Außenblatt befreien. In ca. 4 mm Rädchen schneiden. In warmem Salzwasser waschen,gut abtropfen lassen.
2 EL Öl	in einer flachen Pfanne erhitzen,Lauchrädchen auf großer Flamme 1-2 Min. umrühren. (Bekommen eine intensiv grüne Farbe!) In einer Schüssel auskühlen lassen,dann mit
1-2 EL Weinessig	
M oder V	und
1 Msp. Muskat	vermischen. Abschmecken.
1 TL Dill	anstreuen.

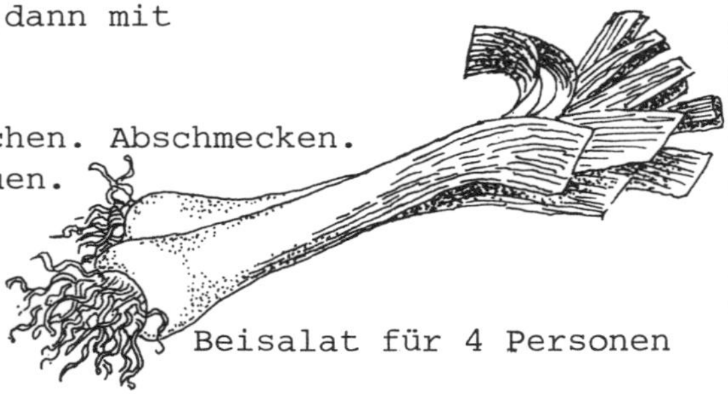

Weißer Zwiebel-Salat

Beisalat für 4 Personen

3 mittelgroße,weiße, süße Zwiebeln	von der dünnen Außenhaut befreien, in Salzwasser legen.
2 EL Apfelessig	
M oder V	
3 EL Distelöl	
1 TL Tomatenmark	
1 Prise Rosenpaprika	und
1 Msp. Koriander gemahlen	verschlagen. Zwiebel in nicht zu feine Ringe schneiden,sofort mit der Soße vermischen.
50 g Kresse	gewaschen,gut ausgeschleudert im Kranz um den Salat legen. Nicht stehen lassen!

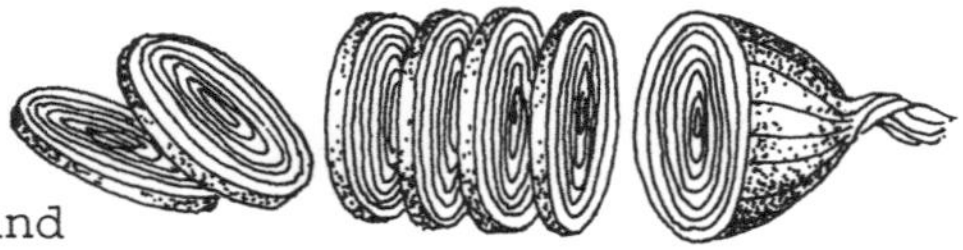

Bio-Lauch-Salat (Porrée) 

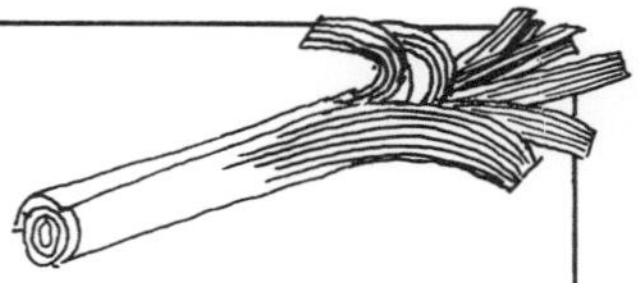

Zu diesem Salat können nur ganz junge,zarte,helle Stangen Sommerlauch Verwendung finden. Dickere,dunkelgrüne schmecken roh zu scharf. Pro Person nicht mehr als 1 Stange als Beisalat.

4 Stangen Lauch	vom Außenblatt befreien,in sehr dünne Rädchen schneiden,in Salzwasser gut waschen und abtropfen lassen.
1 EL Apfelessig	mit
2-3 EL Distelöl	verrühren
Dillsamen u. Basilikum	sehr fein gehackt zufügen. Den Lauch gut damit vermischen. Mit
Vitam oder Hefeflocken	abschmecken. Mit gehackter
Petersilie	bestreuen. Frisch servieren,verliert durch Stehenlassen an Geschmack.

Lauch-Salat gekocht

6-8 Stangen Lauch	von den äußeren Blättern und Wurzeln befreien,in ca. 10 cm lange Stücke schneiden,in lauwarmes Salzwasser legen. Inzwischen Salzwasser zum Kochen bringen,keinen Aluminiumtopf verwenden! Lauch je nach Stärke der Stangen ca. 10 Min. kochen,kalt abbrausen,herausnehmen,auf eine Platte legen
1/2 Tasse Weinessig	mit
1 Tasse Wasser	(das Kochwasser nicht verwenden,bläht) und
M oder V	vermischen,über die Stangen geben. Wenn etwas abgekühlt,mit
3 EL Öl	begießen und mit gehackter
Petersilie	bestreuen.

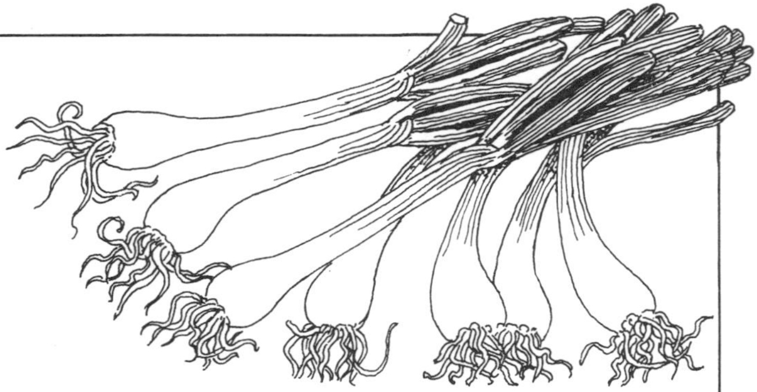

Cibouletti

Lauch- oder Grünzwiebel auch nur Zwiebelröhrchen genannt. Unausgebildete zarte weiße Zwiebelchen, bei denen die Röhrchen mitverwendet werden. Ein pikanter Beisalat!

Cibouletti-Salat

300-500 g Zwieblröhrchen	von den Wurzeln befreien, waschen, in kochendes Salzwasser geben, kurz darin belassen. Ca. 2-5 Min., je nach Größe der Zwiebel. Herausnehmen, eiskalt abbrausen. In eine tiefere Platte legen.
1 Tasse heißes Wasser 2-3 EL milden Weinessig 1 Msp. Streuwürze 2 EL Öl, M oder V	vermischen, über die Cibouletti gießen. Gut durchziehen lassen. Mit feingehackter
Petersilie	bestreut, servieren.
Variation:	wie oben garen, abgetropft mit Mena's-, Edith's- oder Cocktailsoße begießen S.165,166

Alfalfa-Salat

fadendünne Sprossen, die Sie leicht selbst ziehen können, nur mit wenig Sojasauce, 1 Msp Sambal Oelek und leichtem Öl vermischen. Als Beisalat f.4 Personen 150 g Alfafas.

Meerrettich-Salat

dieser "Salat" ist als frische Beilage zu gekochtem Rindfleisch, Sied- oder Tellerfleisch geeignet.

1 kleine Stange	schälen,
1 kleinen Apfel	mit Schale in eine Schüssel reiben, mit dem Saft
1/2 Orange	oder
Zitrone	beträufeln, den Meerrettich fein daraufreiben (nicht raspeln!), mit
1 EL Weißweinessig	und
2 EL Öl	vermischen, dann mit
1 Prise Salz	
M oder V	abschmecken, mit
Schnittlauch	bestreut auftragen.

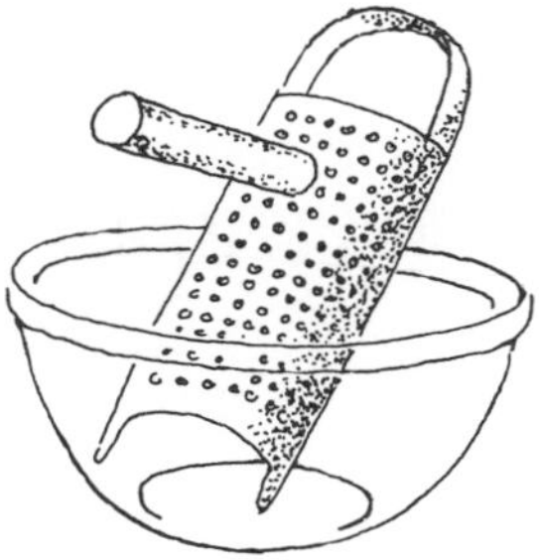

Sojasprossen-Salat Mekong

200 g Sojasprossen	gewaschen in eine Schüssel geben.
100 g Chinakohl	feinstnudelig geschnitten,
2-3 Möhren	geputzt, längsgeraffelt zufügen.
2 Schalotten	in Streifchen geschnitten, in
2 EL Öl	leicht bräunen, übergießen.
1 EL Sojasoße	
2 EL Zitronensaft	
2 EL Weißwein	
1 Msp Sambal Oelek	verschlagen, untermischen.

Haferwurzel

auch Bocksbart oder Weißwurzel genannt, wird wie Schwarzwurzel (Scorzonerwurzel) zubereitet.

Schwarzwurzel (Scorzonera hispanica)

Scornerwurzel,"Winterspargel"
ein feiner Wintersalat in vielen Variationen zu servieren. Außerdem sollte der Nähr- und Heilwert nicht übersehen werden. Schwarzwurzel wird frisch und gekocht verwendet. Zum Putzen am besten Gummihandschuhe anziehen,dann verliert manche Hausfrau die Scheu vor den schwarzen Wurzeln. In lauwarmem Wasser erst abspülen,dann mit Schäler oder dem Rücken eines Küchenmessers abschaben,sofort in Essigwasser legen, bis alle Wurzeln geschält sind. Dann nach Rezept verwenden.

Schwarzwurzel-Salat

1000 g Schwarzwurzeln	wie oben beschrieben vorbereiten,in ca. 10 cm gleichlange Stangen schneiden,in Salzwasser mit
1 Msp. Macisblüte	nicht zu weich kochen (ca. 30 Min.) auf eine Platte legen,
1 Tasse Gemüsewasser	heiß mit
3 EL Weißweinessig	und
etwas Fondor	vermischen,über die warmen Stangen geben,unter gelegentlichem Begießen mindestens 2 Std. ziehen lassen.
3 EL Öl	darüber verteilen und mit
Schnittlauch	bestreut zu Tisch geben. Kann auch im Kühlschrank 1 Tag aufbewahrt werden.

Als Kindersalat sehr beliebt.

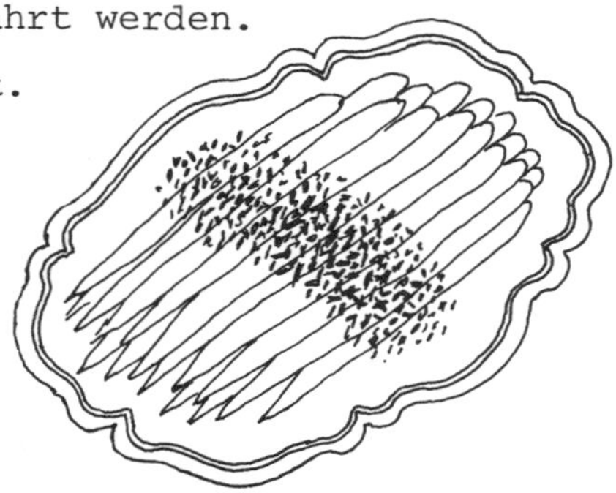

Roher Schwarzwurzel-Salat

Beisalat für 4 Personen

5 EL Joghurt	mit
2 EL Majonnaise	verrühren
1 EL Walnüsse	gehackt beifügen
1 Apfel	mit der Schale geraspelt untermischen.
Schwarzwurzeln 500-800 g	wie unter "Schwarzwurzel" beschrieben vorbereiten. Gleich in die Soße reiben oder raffeln. Durchmischen. Mit
Curry	bepudern, mit frischgehacktem
Dill	bestreut sofort auftragen.

Hopfensprossen (Humulus lupulus)

Hopfenspargel

1000 g Hopfenspargel	zwischen den Händen mit Salz abreiben, dann gut waschen, in
Salzwasser	mit
3 weißen Pfefferkörnern	nicht zu weich kochen (ca. 10 Min) In eine Schüssel geben,
2 Tassen Sud	mit
1/2 Tasse hellen Weinessig	
M oder V	vermischen, heiß über die Sprossen geben, gut durchziehen lassen. Wenn abgekühlt,
2-3 EL Öl	darübergeben. Gut vermischen. Mit
Petersilie und Dill	feinstgehackt, überstreuen.

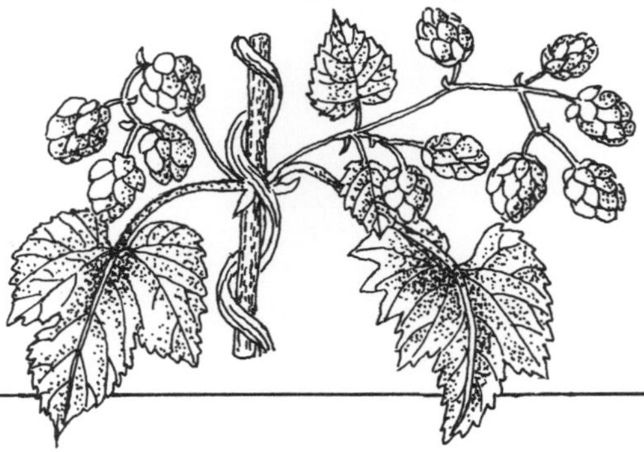

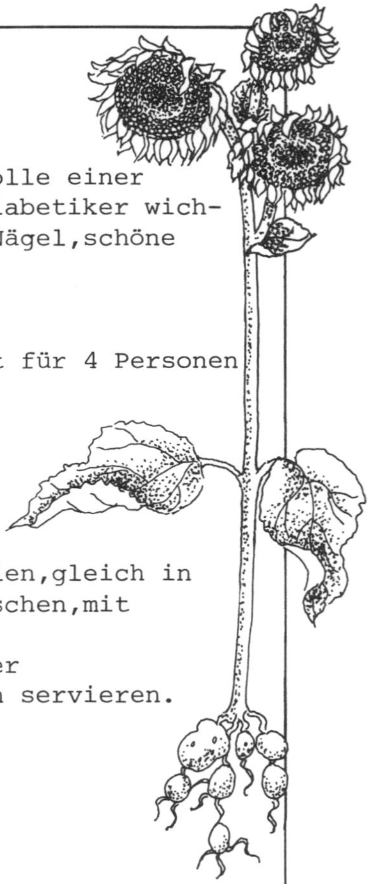

Topinambur (Helianthus tuberosus)

Erdschocke, Erdbirne, der Kartoffel ähnliche Knolle einer Sonnenblumengattung. Inulinhaltig. Eine für Diabetiker wichtige Pflanze. Enthält auch Silicium für gute Nägel, schöne Haut und Haare. Also auf zum

Topinambur-Salat

als Beisalat für 4 Personen

Erst Soße bereiten aus:

4 EL Magerjoghurt	
1 EL Majonnaise	mit
1/2 TL franz. Kräutersenf	verrühren
1 TL Kapern	gehackt zufügen.
2-3 Knollen Topinambur	abbürsten, dünn schälen, gleich in die Soße reiben. Mischen, mit gehacktem
Estragon, Dill	und feingeschnittener
Petersilie	bestreuen und gleich servieren.

Petersilienwurzel-Salat

3 mittlere Petersilienwurzeln, ca. 150 g	abschaben, waschen, sehr fein reiben, sofort mit
1 TL Obstessig	und
1 EL Öl	beträufeln
1/2 Tasse süße Sahne	leicht geschlagen unterheben. Mit
1 EL Schnittlauch	bestreuen.

Teltower-Rübchen

auch Mairüben, weiße Rüben genannt. Eine runde weiße rettichähnliche Wurzel, die am Stielbeginn leicht violett gefärbt ist. Da sie mild im Geschmack ist, darf die Soße schon ein bißchen kräftiger sein.

Mairüben-Salat

Beisalat für 4 Personen

2 Teltower Rübchen mittelgroß	dünn schälen oder schaben, waschen, sehr fein reiben, mit
2-3 EL Apfelessig Streuwürze, M oder V 1 EL saurem Rahm 1-2 EL Öl	anmachen. Mit
1 EL Schnittlauch	bestreuen und mit
Paprika	überpudern.
Variation:	Blattsprossen mitverwenden, mit Kresse und Radieschen umlegen.
Für Kinder:	gut geeignet.

Rettich (Raphanus sativua)

die Rettichwurzel gibt es in vielerlei Formen,den dicken weißen Münchener Bier-"Radi",den schwarzen Winterrettich,die zarten weißen Eiszapfen und die ganz lange Neuzüchtung,die so lang ist,daß man gar nicht mehr an Rettich denkt. Alle Sorten haben gemeinsam,daß sie vor allem für die Galle gesund sind und gut vertragen werden,wenn sie nicht aus Omas Kochbuch zubereitet werden,in dem zu lesen steht:

> **Rettig~Salat**
>
> Rettig schälen, auf dem Reibeisen fein reiben und gut einsalzen.~ Stehen lassen. Das ausgezogene Wasser wegschütten. Den Rettig mit Essig und Öl anmachen.*

Unser Rettich-Salat

1 großen Rettich	mit Messerrücken abschaben oder dünn schälen. Grob raffeln.
4-5 EL süße Sahne	
1 TL Obstessig	(noch besser ohne Essig) mit
M oder V	abschmecken
1 EL Öl	zufügen
1 EL Schnittlauch	oder
1 EL Zwiebelröhrchen	zufügen,leicht mit
schwarzem Pfeffer	bestreut gleich anrichten. Kein Salz,würde alle wertvollen Stoffe ausschwemmen.

Eiszapfen-Salat

längliche,überaus zarte junge Rettiche.

8-10 Eiszapfen	nur abbürsten,abbrausen,in eine Schüssel hobeln.
1 EL hellen Essig	und
Streuwürze	verrühren und mit
1 EL Öl	vermischen,an die Eiszapfen geben. Mit

jungem Schnittlauch bestreuen.

Münchner Rettich-Salat

2 dicke weiße "Bierrettiche"	dünn schälen,hobeln.
1 EL hellen Essig	
1 Msp. Salz	
1 1/2 EL Öl	verrühren,mit den Rettichen vermischen,obenauf
schwarzen Pfeffer	aus der Mühle.

Schwarzer Rettich (Raphanus sativus var. niger)

Dieser Rettich-Salat passt gut zu gekochtem Rindfleisch-Siedfleisch. Ein herzhafter Beisalat.

1-2 schwarze Rettiche	werden ganz dünn geschält oder geschabt, abgewaschen und ganz fein gerieben.
1 EL hellem Essig	
M oder V	und
2 EL Öl	gut vermischen,mit
Schnittlauch	und
schwarzem Pfeffer	bestreut,sofort servieren.
Variation:	meine Cousine gibt 1/2 Tasse süße geschlagene Sahne und 1 EL Joghurt darunter,hm - da schmeckt er ganz mild!

Bohnenkern-Salat

Dazu wird entweder die kleinere sogen. amerikanische Grobbohne oder die große Elefantenbohne verwendet. Wichtig ist, daß die Kerne aus der letzten Ernte stammen,eine glatte Haut besitzen und der gleichen Garzeit wegen von gleicher Größe sind. Garzeit ist im Schnellkochtopf wesentlich kürzer,birgt aber die Gefahr des "Zuweichwerdens".
Da dieser Salat sehr sättigend ist,wird er am besten als Beisalat verwendet.

Weißer Bohnenkern-Salat

250 g kleine Bohnenkerne	kurz abspülen,in lauwarmen Wasser über Nacht einweichen. Im Einweichwasser ohne Salz (verkürzt die Kochzeit) ca. 1 Std. kochen.
1 Tasse heiße Brühe	mit
Fondor,1 Msp. Sambal	und
schwarzem Pfeffer	abschmecken,an die abgegossenen heißen Bohnen geben:
1 blaue Zwiebel	gehackt
1 Knoblauchzehe	gepresst
1 kleine Mohrrübe	geraspelt und
1/2 grüne Paprikaschote	in feine Streifchen geschnitten sowie
1 EL Tomatenketchup	und
3 EL Olivenöl	untermischen. Mit
1/2 TL Bohnenkraut	gehackt bestreuen.

Als Kindersalat weniger geeignet.

Bei Verwendung von Bohnenkernen aus der Dose darauf achten, daß sie naturell und nicht als Gemüse zubereitet sind.

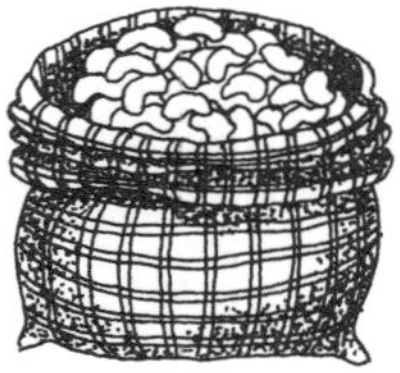

Flageolets

weißgrünliche,kleine,sehr feine Bohnenkerne. Auf gleichgroße Kerne aus letzter Ernte achten. Nicht im Schnellkochtopf garen,werden sonst zu weich.

300 g Flageolets	über Nacht in Wasser einweichen, im Einweichwasser ohne Salz, dem man
1 Zehe Knoblauch	und
etwas Thymian	beigefügt hat,langsam gar aber nicht zu weich kochen.
1 EL Weißweinessig	mit
1 TL Kräutersenf	und
3 EL Öl	verrühren,an die warmen Bohnen geben.
1 TL Minze	feingehackt darüberstreuen. Lauwarm servieren.

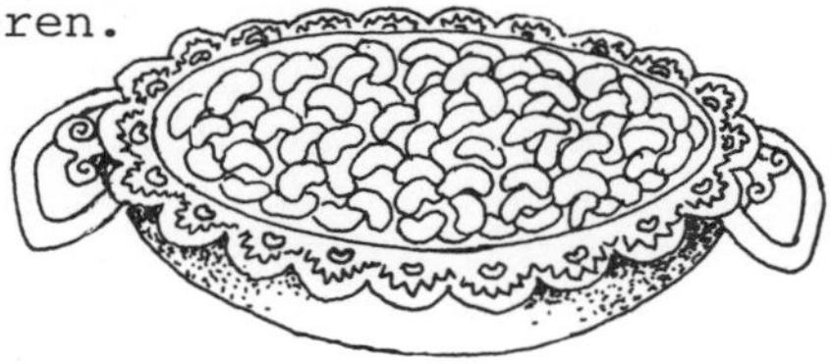

Farmer-Salat

1/2 Sellerieknolle	schälen,waschen,grob raffeln (lange Streifen)
1 große gelbe Rübe	
2 Kohlrabi	ebenso vorbereiten
100 g Weißkraut	fein schneiden oder hobeln.
3 EL Majonnaise	mit
3 EL Joghurt	verrühren,untermischen. Von
1 Dose Mais-corn (400 g)	Gemüsewasser abgießen,Mais unterheben und mit
2 EL Petersilie	feingehackt,bestreuen.

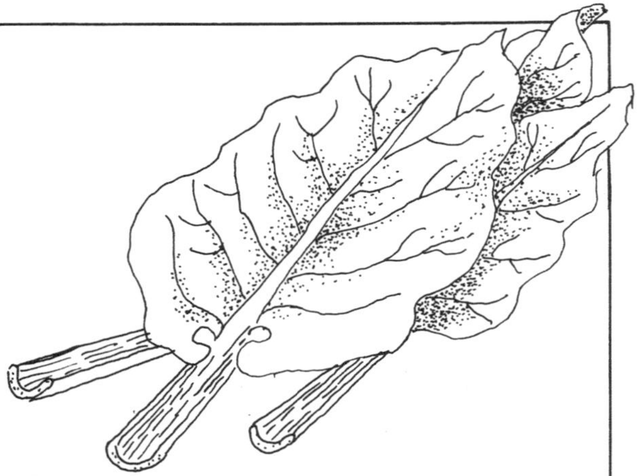

Mangoldstiel-Salat

(Krautstiele / Beißkohl)

1000 g Mangoldstiele	dünn abziehen,waschen,in ca. 10 cm Stücke schneiden,in Salzwasser nicht zu weich kochen, abgetropft auf eine Platte legen. Mit
Haus-Soße S.166	übergießen. Oder:
1 Tasse heiße Brühe 1/2 Tasse milden Weinessig M oder V	mit
1 Msp. Macisblüte	und
1 Msp. Curry	abschmecken. Noch warm über die Stiele gießen. Gut durchziehen lassen. Wenn sie etwas abgekühlt sind,mit
3-4 EL Öl	übergießen. Mit
wenig Estragon Petersilie	gehackt und feingeschnittener überstreuen.
Variation:	2 hartgekochte Eier,kleingehackt auf den fertigen Salat streuen.
Für Kinder:	geeignet.

Rote Salate

1	Rote Bohnen(mex.)	5	Wachtelbohnen
2	Tomaten	6	Peperoni
3	Paprikaschoten	7	Kirschpeperoni
4	Radieschen	8	Baumtomate

9 Basilikum

Tomaten (Solanum lycopersicum)

Paradeiser, in verschiedenen Sorten, glatte und gerippte, rote und auch grüne Sorten Fleischtomaten. Joulearm, hoher Karotingehalt. Für Diabetiker geeignet. Grüner Stielansatz soll wegen seines Solaningehaltes nicht verwendet werden. Für Salat am besten gut ausgereifte, schnittfeste Ware verwenden. Schale gründlich waschen oder die Haut abziehen, nachdem man die Tomaten ganz kurz in kochendes Wasser getaucht hat. Kein Salz an Tomaten, es schwemmt sonst die besten Stoffe heraus. Tomatensalat nicht in tiefen Gefäßen mischen.

Tomaten-Salat (von Olga di Martino, Mailand)

6 reife gerippte Fleischtomaten	wie oben beschrieben vorbereiten, in 4 mm Scheiben schneiden, auf eine Platte legen.
1 TL Basilikum	und
1 EL Petersilie	gehackt,
2 EL blaue Zwiebel	in Ringen oder auch gehackt daraufgeben. Nach Belieben
1-2 EL Rotweinessig	im Originalrezept ohne Essig
1 Prise Oregano	
1 Prise Zucker	
M oder V	und
3 EL Öl	leicht vermischen, über die Tomaten gießen und mit frischgemahlenem
schwarzem Pfeffer	überstreuen. Durchziehen lassen.
Für Kinder:	nach Belieben Essig, Zwiebel und Pfeffer weglassen.

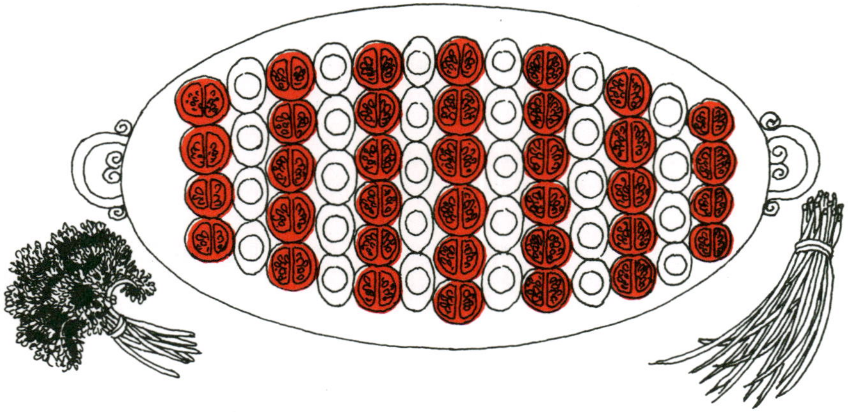

Tomaten-Salat

von Tante Sophie für 4-6 Personen

6 Eier	hartkochen (10 Min.), in kaltes Wasser legen, abpellen, in runde Scheiben schneiden (mit Eierschneider), in Reihen mit gleichgroßen Zwischenräumen auf einer länglichen Platte anordnen.
7-8 Tomaten	von mittlerer Größe in ca. 5 mm dicke Scheiben geschnitten in die Zwischenräume legen.
2 EL Petersilie	
2 EL Schnittlauch	
1/2 TL Minze	
3 EL blaue Zwiebel	feingehackt, darauf verteilen.
3 EL milden Essig	(sonst verdünnen)
4 EL Öl	
schwarzen Pfeffer	und
1 Msp. Streuwürze	vermischen, darübergeben. Immer wieder mit Soße aus der Platte begießen.

Tomaten-Salat mit Paprika

1 grüne Paprikaschote	halbieren, von Stiel und Samen befreien, waschen, in feine Streifen schneiden. Mit heißem Salzwasser übergießen, etwas ziehen lassen.
6 Tomaten	gut waschen, in Scheiben auf eine Platte legen, die abgetropften Paprikaschoten daraufgeben und mit
1 weißen süßen Zwiebel	umlegen. Mit
Haus-Soße S.166	begießen, mit frischem gehacktem
Bohnenkraut	und
Petersilie	bestreut servieren.

Roter Mischsalat

4 Fleischtomaten	in kochendes Wasser tauchen,kalt abschrecken,Haut abziehen,in ca. 3 cm Würfel schneiden
1 kleine Salatgurke	halbieren,Kerne mit Löffel herausschaben,ebenfalls würfeln,je
1 Paprikaschote rot,grün und gelb	vom Stiel befreien,Samen und Innenwände entfernen,waschen,in schmale Streifchen schneiden,
3 Zwiebelröhrchen	geschnitten dazugeben. Zur Soße:
1 TL grünen Pfeffer (eingelegt)	hacken,in einen Becher geben,
1 Msp. Senfpulver	zufügen,mit
2 EL Rotweinessig	verrühren,
5 EL Öl	angießen und schlagen,bis Soße dicklich ist. Mit
M oder V	abschmecken. Mit den geschnittenen Zutaten vermengen.
50 g Gartenkresse	kurz in Salzwasser tauchen,ausschütteln und auf den Salat streuen. Kühl servieren! Sehr erfrischend.
Variation:	Statt Salatgurke 1/2 Melone verwenden. Statt Gartenkresse auch einmal mit Brunnenkresse probieren.

Tomaten-Grüne Bohnen-Salat

250 g Buschbohnen	wenn nötig entfädeln, kleine ganz belassen, größere in Stücke brechen. In Salzwasser nicht zu weich kochen.
500 g glatte, feste Tomaten	kurz in kochendes Wasser tauchen, Haut abziehen, Stielansatz entfernen (Solaninhaltig). Tomaten in Scheiben schneiden, in eine tiefere Schale abwechselnd mit den Bohnen einschichten.
1 weiße Zwiebel	in Streifen geschnitten zufügen.
schwarzen Pfeffer	aus der Mühle daraufgeben.
1 EL Rotweinessig	
1 TL Bohnenkraut	frisch gehackt mit
M oder V	und
3 EL Öl	gut vermischt, darübergießen. Mit einer Gabel vorsichtig den Salat auflockern, damit die Soße durchsickern kann. Schön durchziehen lassen!

Französischer Tomaten-Salat

500 g glatte Tomaten	heiß brühen, kalt abschrecken, Haut abziehen. Stielansatz entfernen. In Scheiben geschnitten auf eine Platte legen, mit etwas
Öl	beträufeln.
100 g Sellerie	reiben, mit wenig
Milch	vermischen,
1 TL Majonnaise	glattrühren,
1/2 Tasse Sahne	locker schlagen (darf nicht steif sein) mit der Majonnaise unter den Sellerie geben. Die Mischung über die Tomaten geben. Sehr gut zu gekochtem oder gebratenem Fleisch.

Tomaten-Salat mit Kresse

500 g Tomaten	in kochendes Wasser tauchen,kalt abschrecken,Haut abziehen,in Scheiben schneiden.
1 kleine Salatgurke	gewaschen mit der Schale hobeln, mit den Tomaten auf eine Platte geben.
1 Knoblauchzehe	gehackt und
schwarzen Pfeffer	aus der Mühle daraufgeben.
1 EL Kräutersenf	
1 TL Sojasoße	
1/2 TL Glutamat	
1 EL Rotwein- oder Obstessig	fest verschlagen,über die Scheiben gießen.
50 g Gartenkresse, Brunnenkresseblättchen oder Portulak	gewaschen und gut ausgeschleudert auf den Salat geben.

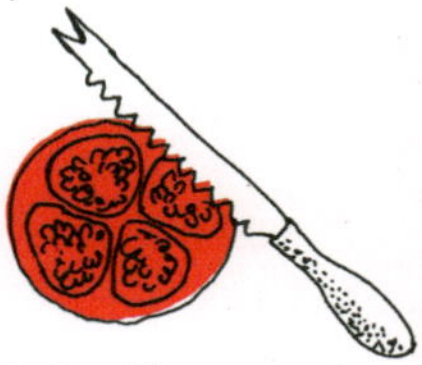

Baumtomate (Cyphomandra betacea)

Tamarillo,hat die Form einer Pflaume die spitz zuläuft, sie ist dunkelorangerot,mit dunkleren Streifen,ihr "Innenleben" gleicht dem der Stachelbeere,hat einen sehr feinen Geschmack. Als Beigabe an exotische Salate ein letzter Pfiff! Die dünne Schale kann wie bei unserer einheimischen Tomate abgezogen werden.

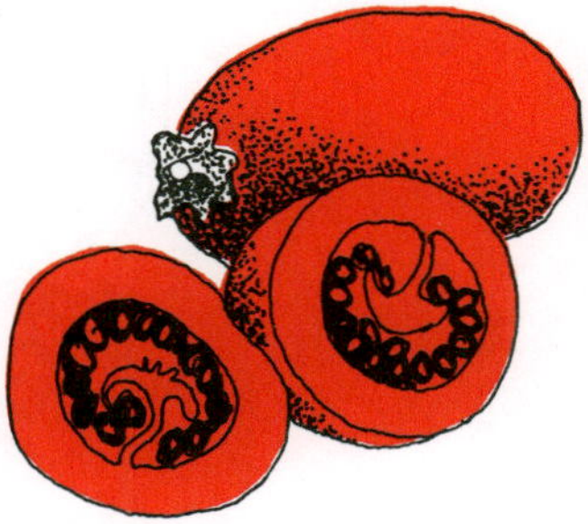

Tomaten-Zucchini-Salat

500 g Tomaten	waschen,in Scheiben schneiden.
3 kleine Zucchini	waschen,ungeschält in Rädchen geschnitten zu den Tomaten geben.
1 TL franz. Senf	
2 EL süßen Rahm	
3 EL Öl	
1 TL Weinessig	
1 EL Portulakblättchen	zerquetscht zufügen. Alles zusammen fest verschlagen, über die Scheibchen geben, leicht vermischen. Mit
1 TL Dill	feingehackt und
1 EL Schnittlauch	bestreuen.

Paprika-Tomaten-Gurken-Salat

2 rote Paprikaschoten	halbieren,Stiel,Kerne und Innenwände entfernen,waschen,in Streifchen schneiden (glatte Haut nach unten,so schneidet man besser).
5 Tomaten	in kochendes Wasser tauchen, kalt abschrecken,Haut abziehen, in Scheiben schneiden.
1 kleine Salatgurke	dünn schälen,halbieren,Kerne mit Löffel herausschaben,grob raffeln, unter die Paprika und Tomaten mischen. Soße angießen aus:
1 TL Kräutersenf	
1 EL Rotweinessig	
1 TL Meerrettich	
1 EL süßen Rahm	und
3 EL Öl.	Alles gut vermischen.
	Auf den Salat
2 EL Schnittlauch	streuen.

Tomatenpaprika

eine flache, stark eingekerbte, dunkelrote Frucht, die eine Kreuzung aus Paprika und Tomate darstellt, süßlich im Geschmack ist und nur zum Rohverzehr geeignet ist. Mit 340 mg Vitamin C-Gehalt übertrifft sie alle Paprika- und Tomatensorten. In der Tomatenmarkfabrikation spielt sie eine große Rolle.

Tomatenpaprika-Salat

Beisalat

3-4 Tomatenpaprika	waschen, Stiel entfernen, Kerne ausstreifen. In Ringe oder Streifen schneiden.
1 hellgrüne milde Gemüsepaprika	von Samen und Stiel befreien, gut waschen, in Streifen schneiden. (Glatte Seite nach unten, so schneidet man sie leichter.)
1 weiße Zwiebel Delikatesspaprika	in Ringe geschnitten, in gemahlenem wälzen, beiseite legen.
1 EL Estragonessig Streuwürze	und
3 EL Öl	verschlagen, über die Paprikaschoten geben. Durchziehen lassen. Mit
8-10 schwarzen Oliven	garnieren und die Paprikazwiebelringe obenauf legen.

Paprika-Reis-Salat

180 g Reis mit Silberhäutchen	waschen, in
Brühe	oder in
Salzwasser	mit
1 Zwiebel	und
1 Lorbeerblatt	körnig kochen (ca. 15 Min.), kalt abbrausen, gut im Backrohr oder auf der Herdplatte bei kleiner Hitzeeinstellung abdampfen lassen. Von
3 roten Paprikaschoten	Stiel, Samenkerne und Zwischenrippen entfernen. Dann auswaschen, brühen, etwas ziehen lassen, in feine Streifen schneiden.
1/2 Honigmelone	schälen, Kerne herausschaben, in kleine Würfelchen schneiden.
1 TL milden Senf	
2 EL Estragonessig	
1 TL Rohzucker	fest verrühren.
5 EL Öl	darunterschlagen. Unter den getrockneten Reis geben. Durchziehen lassen, dann erst Paprika- und Melonenwürfel untermischen.
2 EL Kerbel	feingehackt unterheben.

Nach Bedarf kann, der Reissorte entsprechend, 1/3 - 1/2 Tasse Weißwein beigefügt werden.

Rote Paprikaschoten (Capsicum annuum)

Rote Paprikaschoten sind besonders vitaminreich und carotinhaltig.
Neutralen Salaten geben sie eine pikante Note. Wer's herzhaft liebt, für den sind sie gerade recht.

Roter Paprika-Salat mit weißen Bohnen

150 g weiße Bohnenkerne	über Nacht einweichen, im Einweichwasser ohne Salz (verkürzt die Garzeit) eine knappe Stunde kochen. Abgießen.
1 EL Obstessig	
3 EL Öl, M oder V	verschlagen,
1 TL Bohnenkraut	frischgehackt
1 TL Borretsch	feinstnudelig geschnitten
schwarzen Pfeffer	aus der Mühle und
1 weiße Zwiebel	kleingeschnitten, untermischen. Das Ganze durchziehen lassen.
3-4 rote Paprikaschoten	halbieren, Stiel, Samen und Trennwände entfernen, gut auswaschen, in kleine Quadrate schneiden, mit den Bohnen vermischen und noch eine Weile durchziehen lassen.

Linsen (Lens culinaris)

300 g Linsen	in 2 l Wasser über Nacht einweichen. Ohne Salz (verkürzt die Garzeit) mit
1 Zweiglein Thymian	nicht zu weich kochen (3/4 - 1 Std.) Kochwasser bis auf ca. 1 1/2 Tassen abgießen. An die heißen Linsen
2 EL Apfelessig	mit
Streuwürze, Pfeffer	und
1 Msp. Senfpulver	vermischt geben. Durchziehen lassen.
1/2 blaue Zwiebel	kleingeschnitten zufügen.
4 EL Öl	untermischen.
Liebstöckel	und
Petersilie	gehackt daraufstreuen. Lauwarm servieren.

Wenn Sie Dosenware verwenden, Linsen in der Dose erwärmen, heiß anmachen wie oben.

Variation:	1 gepresste Knoblauchzehe untermischen. 1/2 grüne Paprikaschote in feine Streifchen geschnitten untermischen. Man kann auch 50 g mageren Speck auslassen und ohne Ausbratfett am Schluß an die Linsen geben.

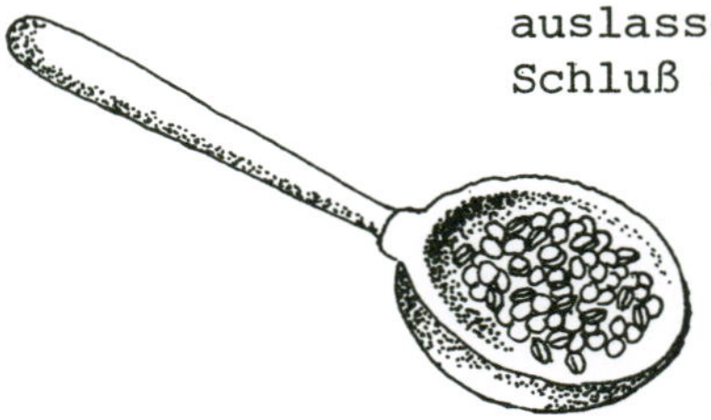

Roter Bohnenkerne-Salat Schweizer Rezept

(kleine mexikanische Bohne,besonders gut für Salat geeignet)

2oo g rote Bohnenkerne	2 Std. einweichen,kurz aufkochen,im selben Wasser abkühlen lassen,erneut zum Kochen bringen ohne Salz! Sollen durchgegart aber noch kernig sein. Im Dampfkochtopf nicht länger als 8 Minuten! Wasser abgießen.
2 EL Weinessig	
4 EL süße Sahne	
M oder V,Fondor	
schwarzen Pfeffer	
1 Prise Majoran	
1 Prise Thymian	
1 Zehe Knoblauch	gepresst
1 EL weiße Zwiebel	gehackt und
2 EL Öl	vermischen,an die abgetropften Bohnen geben. Durchziehen lassen. Mit
Schnittlauch	bestreut servieren.
Kindersalat:	nach Belieben aus Pfefferzugabe und Knoblauch verzichten.

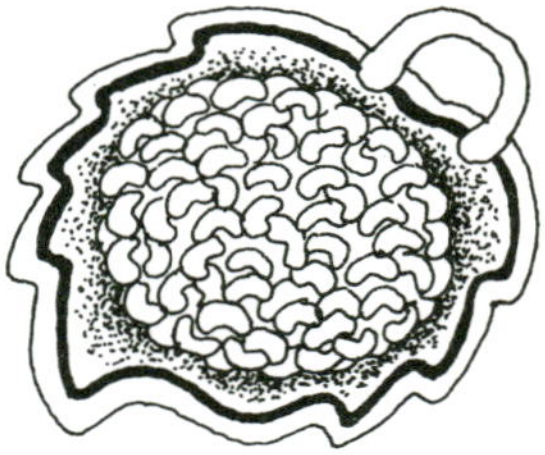

Roter Bohnen-Salat mit Mais

200 g rote Bohnen	wie oben garen,dann in einer Schüssel mit dem Inhalt einer
400 g Dose Mais-corn	ohne Brühe
1/2 grüne Paprikaschote	in feinste Streifchen geschnitten, und
Haus-Soße S.166	vermischen.

Wachtelbohnen

eine lustig gesprenkelte beige Bohne mit rotvioletter Zeichnung.

Wachtelbohnen-Salat

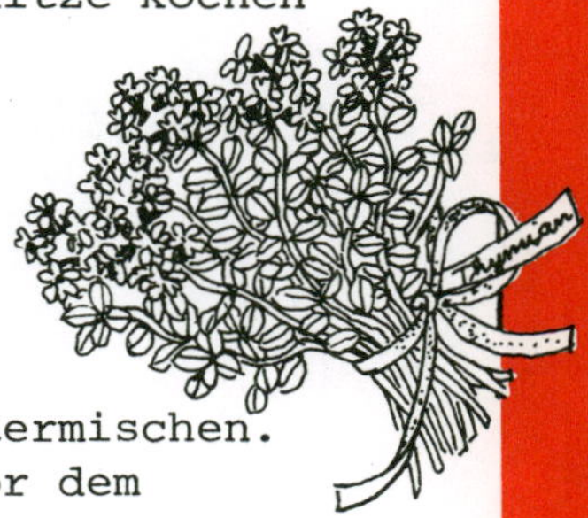

250 g Bohnenkerne	über Nacht in 2 l Wasser einweichen, am nächsten Tag ohne Salz (verkürzt die Garzeit) im Einweichwasser 80 Min. bei gelinder Hitze kochen lassen. Abgießen.
1 Tasse heiße Brühe	
1 EL Weinessig	
1 EL blaue Zwiebel	kleingeschnitten
1 Knoblauchzehe	gehackt
1 Msp. Salz	
Streuwürze	und
Thymian oder Oregano	verrühren, angießen, untermischen. Durchziehen lassen. Vor dem Auftragen
3 EL Öl	daruntergeben.
Variation:	1 kleine, grüne Paprikaschote halbieren, Kerne, Stiel und Innenwände entfernen, waschen, in sehr dünne Streifchen schneiden und unter den Salat mischen.
Für Kinder:	nach Belieben ohne Knoblauch und Zwiebel.

Radieschen-Salat (Pfälzer Rezept)

3 Bund rote Radies	werden geputzt, gewaschen, in eine Schüssel grob geraspelt, ebenso wird
1 zarter weißer Rettich	zugegeben.
4 EL süße Sahne	
1 EL milden Essig	
wenig Streuwürze	und
1 EL Öl	verrühren, darübergießen. Gut vermischen.
1 EL Schnittlauch	und
1 Borretschblatt	kleingeschnitten daraufstreuen, sofort zu Tisch geben.

Radieschen-Salat

5 Bund Radieschen	putzen, Grün abschneiden, in Biosmon- oder Salzwasser gut waschen. Fein hobeln
M oder V	mit
1 TL Weinessig	und
2 EL Öl	verrühren, an die Radieschen geben. Mit gehacktem
Dill	und
Schnittlauch	bestreuen. Kühl servieren. Sehr erfrischend!
Variation:	mit Kressekränzchen umlegen.

Das Salatbuffet

1 Kräutersoße
2 Cocktailsoße
3 Dippsoße
4 Vinaigrette
5 Teufelssoße
6 Bleichsellerie

7 gemischte rohe und gekochte Salate

Wenn Sie Ihren Gästen etwas besonderes bieten wollen, stellen Sie ein attraktives, auswahlreiches

Salatbuffet

zusammen.

Dafür steht uns heute eine Vielzahl von einheimischen und ausländischen Salat- und Gemüsesorten zur Verfügung.

Mit besonders großer Sorgfalt und mit viel Liebe sollten Sie die notwendigen Zutaten auswählen und dabei vor allen Dingen auf Frische und Qualität achten.

Soßen und gekochtes Gemüse wie weißer und grüner Spargel, Rote Bete, Broccoli und Bohnen können in aller Ruhe vorbereitet werden.

Frischsalate werden erst kurz vor Gebrauch in Salz- oder Biosmonwasser gewaschen, sorgfältig abgetropft auf Platten oder in flachen Schüsseln hübsch angerichtet.

Stellen Sie große Teller bereit, damit mehrere Sorten nebeneinander Platz haben. Zu einem Turm aufgebaute Salate schmecken halb so gut.

Nicht vergessen: genügend Salatbestecke auflegen! Denn wer möchte schon Rote Bete am Spargel finden?

Mit Ihrer Salatbuffet - Idee werden Sie nicht nur bei großen Schlemmern, sondern auch bei Linienbewußten ins Schwarze treffen.

Soßen

Für jeden Salat ist die zu ihm passende Soße im Rezept angegeben. Eine Auswahl für das Salatbuffet oder ein Pinzimonio finden Sie auf den folgenden Kärtchen. Manche dieser Soßen sind auch in Rezepten zur Variation empfohlen.

Faustregel

für zarte Blattsalate	leichte Soße, sofort verzehren,
für festere Blattsalate	kräftigere Soße kurz ziehen lassen,
Kraut, Rote Bete, Sellerie, Spargel etc.	gut durchziehen lassen,
Rohkost	verträgt sich mit kräftigen Dippsoßen.

Soßen - Tip :

Mixen Sie einfachhalber gleich eine größere Menge, am besten in einem Schraubglas, in dem Sie die Soße wie in einem Mixbecher schütteln und den Rest im Kühlschrank tagelang aufbewahren können. * * *

Vinaigrette

f.6-8 Personen

2 El französichen Senf	
4 El feinen Weißweinessig	
3 El herben Weißwein	zusammen verrühren.
2 kl.Schalotten	feingeschnitten,
1 El Kapern	gehackt,
1 El Kerbel ersatzweise Petersilie	feingeschnitten,
1 Tl Pfefferkörner	grobgestoßen mit
8 El Öl	zufügen.
2 Eier	hartgekocht (10 Min.) und gehackt mit
1 El Schnittlauchröllchen	auf die Soße streuen.

Kräuter-Soße

1 Becher Joghurt mit
1 EL Majonnaise vermischen
1 Schalotte gehackt dazu,
etwas Streuwürze und folgende
Salatkräuter dazugeben:
1 EL Petersilie, 1 TL Dill,
1/2 TL Liebstöckel,
1 TL Borretsch,
1/2 TL Basilikum
1 TL Zitronenmelisse,
je 1 Msp. Thymian, Estragon
und Pimpinelle.

Edith's-Soße

3 Eidotter	mit
1 Msp. Salz	verrühren
3 Knoblauchzehen	gepreßt dazu, mit
6 EL dicker Sahne	
6 EL Rotweinessig	
2 EL Sojasoße	vermischen
1 Tasse Öl	langsam ein-laufen lassen und gut ver-schlagen. Gut zu Rohkost.

Teufels-Soße

1/2 Tasse Rotweinessig
4 Knoblauchzehen gehackt
1 Schalotte kleingeschnitten
2 Chillischoten feinstgehackt
1/4 TL Cayennepfeffer
1 EL Tomatenmark und
1 EL Paprikamark mit
1 Tasse Öl fest verrühren.
Mindestens 1 Stunde
durchziehen lassen.

Mena's-Salat-Soße

2 Eigelb
Salz, Maggi, Streuwürze
1/3 Tasse Rotweinessig
1/2 Tasse Milch
1 Tasse Kaffeesahne 15%
1 EL milder Senf
1 Knoblauchzehe, gepreßt
alles fest verschlagen,
Zwiebel extra reichen,
dann hält sich die Soße
im Kühlschrank 8 Tage.

Unsere Haus-Soße

3 TL Kräutersenf
2 TL M oder V mit
1 TL Streuwürze
verrühren
1/2 Tasse Rotweinessig
1/2 Tasse süße Sahne
1/2 Tasse Joghurt
zufügen mit
2 Tassen Öl
verschlagen.
In einem Schraubglas im Kühlschrank
1 Woche haltbar. Vor
Gebrauch gut schütteln.

Cocktail-Soße

100 g Sellerie	feinreiben, Saft von
1 Orange	darauftträufeln
3 EL Majonnaise S.170	mit
2 EL Tomaten-Ketchup	verrühren, mit
2 EL Cognac	und
1 Msp. Dajong	fein abschmecken
1/5 süße Sahne	steifschlagen, locker unterheben. Sehr fein!

Quark-Dipp-Soße

6-8 Personen

200 g Quark	mit
1 kl. Tasse Joghurt	glattrühren
4 EL Keimöl	zufügen, nach Belieben
2 Zehen Knoblauch	gepresst mit
Pfeffer	aus der Mühle
1/2 TL Dajong	
1/2 TL Curry	
1/2 TL Sojasoße	abschmecken und mit
1 EL Schnittlauch	bestreut servieren.

Rote Joghurt-Soße

3 TL Tomaten-Ketchup
3 TL Majonnaise und
3 TL Cognac verrühren mit
1 Becher Joghurt vermischen
1/8 l Sahne steifschlagen, unterheben. Mit Dajong oder Delikatesspaprika leicht bestreuen.

Unsere Dipp-Soße

1 kleine Tasse Delikatessmajonnaise oder Rezept Seite 170	mit
1 Tasse bzw. Becher Joghurt	vermischen
3 Zehen Knoblauch	gepreßt
3 EL frische Kräuter	gehackt
2 EL Schnittlauch	
1/2 TL Curry	
1 EL Sojasoße	
1 TL Cognac	
1/4 TL Pfeffer	aus der Mühle
1 TL Maggi	zugeben
1 Tasse geschlagene Sahne	unterheben.

Meerrettich-Soße

Meerrettich- 4-5 Personen

3 EL geriebenen Meerrettich frisch oder aus dem Glas mit dem Saft von
1/2 Blutorange beträufeln, mit
1 TL Majonnaise vermischen und
1/2 Tasse steifgeschlagene Sahne unterheben.

Peppi's-Senf-Soße

1 El bayrischen süßen Senf
4 El Rotweinessig mit
1 Tasse kalter Rinderbrühe, die man entfettet hat, glattrühren.
1 Zehe Knoblauch gepreßt zufügen
1/2 Zwiebel feingehackt ebenso.
6 El Öl einrühren und feingehackte Kräuter wie Petersilie, Dill Basilikum und Schnittlauch beigeben. Reicht für 1-2 Endivien.

Restaurant Zur Wildsau

Vinaigrette

für 4 Personen

1 TL scharfen Senf
1/4 TL Salz
1 EL schwarze Pfefferkörner
1 EL frische, feingehackte Petersilie
2 EL feingehackte Zwiebel
1 Ei, hartgekocht, gehackt
2 1/2 EL gutes Pflanzenöl
2 1/2 EL Weinessig (10 %)
2 Tassen Wasser

Roquefort-Dressing

für 4 Personen

100 g Roquefort-Käse
1 Tasse herben Weißwein
1/4 TL Salz
1/4 TL weißen Pfeffer
1/2 TL scharfen Senf
1 EL Weinessig (10 %)
2 EL gutes Pflanzenöl

Cocktail-Soße

1 Eigelb
1 TL scharfen Senf
1/2 TL Salz
2 Spritzer Zitronensaft
2 EL Weißwein
1 Tasse gutes Pflanzenöl
2 EL Tomaten-Ketchup
1/2 Schnapsglas Weinbrand

Frühlings-Soße

für 4 Personen

2 Becher Magerjoghurt
1/2 Tasse herben Weißwein
1/2 Zitrone
1/2 TL Salz
1 EL Schnittlauch, frisch und feingeschnitten
1 EL frische, feingehackte Petersilie
1/2 EL frischen Dill, feingehackt

Mayonnaise

4 Personen

1 Eigelb	roh
1 Eigelb	gekocht
1 TL Senf	mild
1 TL Zitronensaft	fest verrühren
1 Tasse Keimöl	erst tropfenweise,dann in dünnem Strahl einrühren. Mit
weißem Pfeffer	und nach Belieben mit
M oder V	abschmecken.

Quark- Mayonnaise

4-5 Personen

2 Eigelb	mit
1 Prise Salz	verrühren
1 Tasse Öl	erst tropfenweise,dann langsam in dünnem Strahl einrühren,mit
wenig Zitronensaft	abschmecken.
100 g Quark	glattrühren,mit der Majonnaise verrühren. Nach Belieben kann man die Quark-Majonnaise mit etwas Joghurt verdünnen. Für rohen Blumenkohl und Sellerie geeignet.

Knoblauch-Soße Ajoceite

4-5 Knoblauchzehen	im Mörser zerstampfen oder pressen
3 Eidotter	und
1 Msp. Salz	fest verrühren, Saft von
1/2 Zitrone	zufügen und langsam
1 kleine Tasse Öl	einrühren. Die Ajoceite muß dick sein. Mit
weißem Pfeffer	aus der Mühle abschmecken.

Bei der Herstellung von Majonnaise beachten Sie bitte, daß alle Zutaten die gleiche Temperatur besitzen.

Feiner Gemüse-Salat

Für 6 Personen

750 g Spargel	schälen (s. Spargelsalat), S. 1o5 in 5 cm Stückchen schneiden, ca. 10 Min. in Salzwasser garen. Abtropfen lassen.
200 g feine Erbsen	roh oder kurz gegart
100 g Champignons	geputzt, mit
wenig Zitronensaft	beträufelt, damit sie weiß bleiben, zufügen.
100 g junge Karotten (Pariser Runde)	am besten kurz dämpfen
100 g Yams	nach Rezept kochen, ersatzweise
100 g Salatkartoffeln	garen, in kleine Würfelchen schneiden
1 großen Apfel (Golden Delicious)	waschen, ungeschält stifteln, gleich unter die anderen Zutaten mischen.
3 EL Majonnaise	mit
1 EL Cognac	glattrühren
1/2 Tasse süße Sahne	steifschlagen, unterheben und mit dem Gemüse vermischen. Gut durchziehen lassen. Mit
1 TL Dill	sehr feingehackt und mit einem Hauch
Curry	überpudern.
Variation:	statt Spargel können Schwarzwurzeln verwendet werden. Eine pikante Geschmacksrichtung wird erzielt durch die Zugabe von 1/2 Sellerieknolle in kleine Würfelchen oder Stifte geschnitten.
Für Kinder:	gut geeignet.

Ensalada Mexicana

Mexikanischer Mischsalat für 6-8 Personen

300 g rote Bohnen	wie diese im Rezept S.156 garen.
2 mittlere Salatgurken	halbieren, mit Esslöffel Kerne entfernen, Gurken würfelig schneiden, in große Schüssel geben.
1 rote und 1 grüne Gemüsepaprikaschote	halbieren, Stiel und Samen entfernen, gewaschen in kleine Würfel schneiden.
500 g Bleichsellerie	putzen, waschen, Stiele längs halbieren, dann quer in 1-2 cm Stücke trennen. Inhalt von
1 Dose 800 g Mais-corn	ohne Brühe hinzufügen oder
6 Stangen Mais	nach Vorschrift (siehe S.63) kochen, abperlen, zugeben.
1 große weiße spanische Zwiebel	würfelig geschnitten daraufstreuen.
1 Tasse schwarze Oliven	mit untermengen.
3/4 Tasse Rotweinessig	mit
1/2 Tasse Öl	
2 Knoblauchzehen	gehackt und
Chilli serrano	
(Mexicanisches Gewürz)	vermischen, unter den Salat geben. Durchziehen lassen. Auch als Party-Salat geeignet.

Griechischer Salat

1 fester Kopfsalat (kein Treibhaussalat)	oder
3 Romana-Stauden	waschen,Blätter von Kopfsalat teilen, vom Romana in breite Streifen schneiden,
2 Tomaten	waschen,Stielansatz herausschneiden, in dickere Scheiben aufschneiden, diese halbieren,
1 grüne Paprikaschote	vom Stiel lösen,Samen und Innenwände entfernen,auswaschen,in Ringe oder Streifen schneiden
100 g schwarze Oliven	zugeben,alles bunt mischen. Nicht zu sparsam
schwarzen Pfeffer	aus der Mühle und
Paprika	anstreuen
2 EL milden Rotweinessig	und
3 EL Öl	mit dem Salat vermischen. Zuletzt
150-200 g Schafskäse	darüberbröckeln.

Türkischer Salat

4 reife Fleischtomaten	waschen, Stielansatz entfernen, in ca. 2 cm Würfel schneiden,
1 kl. feste Salatgurke	sehr dünn schälen, halbieren, mit Löffel Samenkernchen herausschaben und ebenfalls in Würfel schneiden.
2 EL schwarze Oliven	zugeben
1/2 grüne Paprikaschote	und
1/2 gelbe Paprikaschote	in Würfelchen geschnitten und
1 weiße Zwiebel	gewürfelt, zugeben.
1-2 EL Rotweinessig	mit
3 EL Olivenöl	verschlagen, mit allen Zutaten mischen.
100 g Schafskäse	in Stückchen oben darauf verteilen.

Laden Sie im Sommer mal zu einem

Genueser Pinzimonio

ein. Dazu brauchen Sie
einen großen Tisch

(Stühle zum Hinsetzen auch!)

eine große Platte mit geputztem Salat,
grünen,Tomaten,Paprika,Gurken,Radieschen,
Rettich,junge Karotten,jungen Kohlrabi,
Blumenkohl,junge Zwiebelchen.

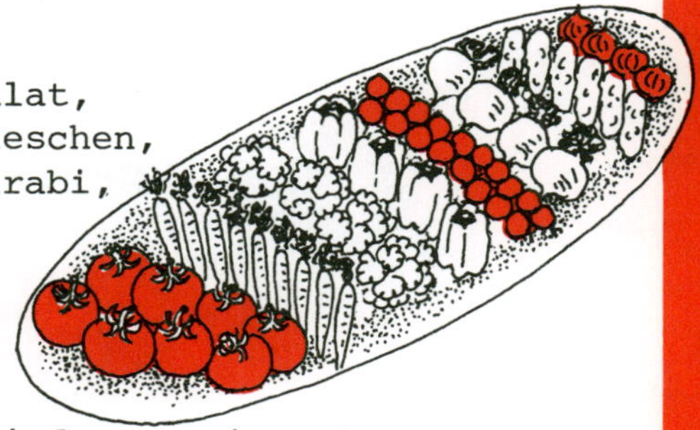

Verschiedene Essigsorten,
Rotweinessig darf nicht fehlen.
Ein erstklassiges Öl,
feine Pfeffersorten,Meersalz
und Schnittlauchröllchen.
Dazu einen guten Rotwein und
knuspriges Stangenbrot.

Jeder begießt sein eigenes Gemüse
wie er will!!!

Mais-Salat ..

	Auf eine tiefere Platte anordnen:
1 Dose Maiskörner (425g)	abgetropft mit dem Inhalt von
1 Glas Artischockenherzen in Öl	abgetropft (Öl aufheben) und halbiert, in einem Kranz darauflegen, ebenso
400 g halbierte Cocktail-Tomaten.	Gewaschene, kleine
Basilikumblättchen **oder** Zitronenmelisse	daraufverteilen. Eine Sauce aus
3 EL Sherryessig	
2 Zehen Knoblauch	gepresst
3 EL Olivenöl	und mit
1 TL Flüssigwürze	verrührt, darübergeben, mit
rosa Pfefferkörner	bestreuen.

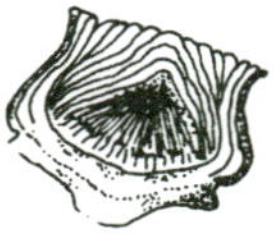

Tomaten-Fenchel

4 kl. Fenchelknollen	waschen, putzen, halbieren, mit
Zitronensaft	beträufeln, das Grün kleinhacken. In
heißer Brühe	kurz blanchieren und auskühlen lassen.
6 Tomaten roh **oder** aus	
450 g Dose	ohne Haut, passieren.
1 EL Tomatenmark	
1/2 TL Salz	
1/2 TL Tabasco	
1/2 TL Cayennepfeffer,	den Saft von
1 Orange	und
4 EL Öl	verrühren und über den Fenchel geben. Das Grün anstreuen.

Pikanter Paprika-Salat

Je 1 rote, gelbe und grüne Paprikaschote
waschen, halbieren, Stiel, Samen und Trennwände entfernen, in 2 x 2 cm Stücke schneiden, in eine Schüssel geben.

2 mittelgroße Zucchini
in gleichgroße Stücke wie oben schneiden.

1 Bio-Gurke
waschen und mit der Schale in kleine Würfel schneiden.

1 große Fleischtomate **oder**
2 kleinere Tomaten
ohne Kerne, ebenso in Würfel vorbereitet, zufügen. Grünen Stielansatz wie immer entfernen.

Eine gut gewürzte Sauce herstellen aus:

3 EL Rotweinessig
1/2 TL Salz
Pfeffer aus der Mühle
1 TL Flüssigwürze
1 Tasse Brühe
2 Knoblauchzehen gepresst
1/2 TL Majoran und
3-4 EL Kernöl oder Olivenöl.

Diese gut verschlagen und mit den Zutaten mischen.

VARIATION:

Zu den oben angegebenen Zutaten können Sie noch

1 Glas Miesmuscheln
abgetropft, am Schluß untermischen.

Rot-Weiß-Grün-Salat

Die andere Art von Tomaten - Mozzarella-Salat.

500 g Cocktail-Tomaten	waschen, abtrocknen, in eine Schüssel geben.
1 mittelgroße Gurke	schälen, halbieren, Kerne entfernen, in 1 1/2 cm Würfel schneiden, zu den Tomaten geben. Mit einem kleinen Kartoffelausstecher
300 g Mozzarella	zu kleinen Kugeln formen.
2 EL feinen Weißweinessig	
1 EL Weißwein	
1 TL Flüssigwürze	
wenig Salz	und
Pfeffer (grob)	sowie mit
3 EL Öl	verrühren und alle Zutaten damit vermischen. Mit
1 EL frischer Petersilie	sehr fein gehackt und
1 TL Oregano	bestreuen.
	Dieser Salat ist sehr erfrischend und kann auch auf einem "Bett" von grünem Salat oder Frisée serviert werden.

Tomaten-Salat mit . . .

5 mittlere, feste Tomaten	heiß abwaschen und gut abtrocknen, in 3mm Scheiben schneiden, schuppenartig im Wechsel mit
250 g Mozzarella	(ital. Büffelkäse) in gleich dicken Scheiben auf eine Platte legen.
2 EL alten Balsamicoessig	nach Belieben
1 kleine Knoblauchzehe	gepresst, zufügen, mit
2-3 EL Olivenöl	verklöppeln, über Mozzarella und Tomaten träufeln. Leicht mit etwas
Oregano und	
Pfeffer aus der Mühle	bestreuen.
3 EL dunkle Oliven	daraufverteilen und mit
kleinen Basilikumblättchen	garnieren.

Salate mit ein bißchen mehr

Manchmal ist es nur eine Kleinigkeit, die aus dem obligatorischem Salatteller vor der Hauptmahlzeit eine feine *Vorspeise* entstehen läßt und so ein feines Menue einleitet.

Diese Salat-Vorspeisen können aber auch in größeren Portionen im Sommer zu einer idealen Hauptmahlzeit werden, die mit einem Knoblauch- oder Kräuterbutter-baguette auch sättigt

Die Grundregeln für Salatwaschen und - vorbereiten, sowie die Herstellung von Saucen, kennen Sie nun aus den vorangegangenen Kapiteln dieses Buches.

So bleibt nur noch die Aufgabe, die passenden und sorgfältig ausgesuchten Zutaten für das gewisse "Etwas" auf den Salat zu besorgen.

Wichtig:

Bei den folgenden Rezepten finden Sie oft ein *Sternchen **vor** der Zutat. Diese ist unbedingt vorzubereiten, damit ein rascher Arbeitsablauf gewährleistet ist.

Die Mengenangabe ist für 4 Personen berechnet, also leicht teilbar. Je nach Salatfans oder Grünfutter-Verschmäher können Sie selbst das Quantum verändern.

Inhalt

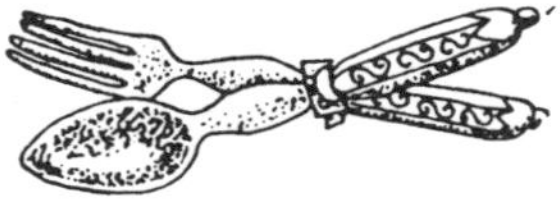

Feiner Salat-Teller

Auf 4 Teller eine Mischung aus folgenden, vorbereiteten Salaten verteilen.

Batavia
Eichblatt
Löwenzahn und
Feldsalat.

* In einem Becher
1 EL franz. Senf
2 EL Balsamico-Essig
1 TL Flüssigwürze
2-3 EL Öl und
1 EL lauwarmes Wasser

gut durchschütteln. (Soll aber keine dickflüssige Sauce werden.)

* 6 **Riesengarnelen**

mit einer Schere halbieren. Darm entfernen und mit

Zitronensaft

beträufeln. Zugedeckt kaltstellen. Kurz vor dem Servieren in einer großen Pfanne

2-3 EL Öl

erhitzen, die Garnelen leicht mit

Meersalz

bestreuen, auf der Schnittseite zuerst 2 Min. braten, wenden mit

je 1/2 TL Kräuterbutter

bestreichen, die Schalenseite 2 Min. in der Pfanne belassen.

Die vorbereitete Salatsauce über die Blätter träufeln und auf jeden Teller 3 heiße Garnelenhälften obenauflegen. Köstlich!

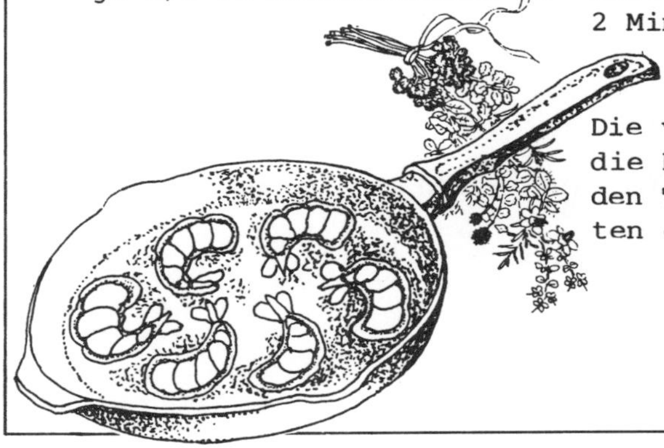

Wild-Spargel-Salat mit . . .

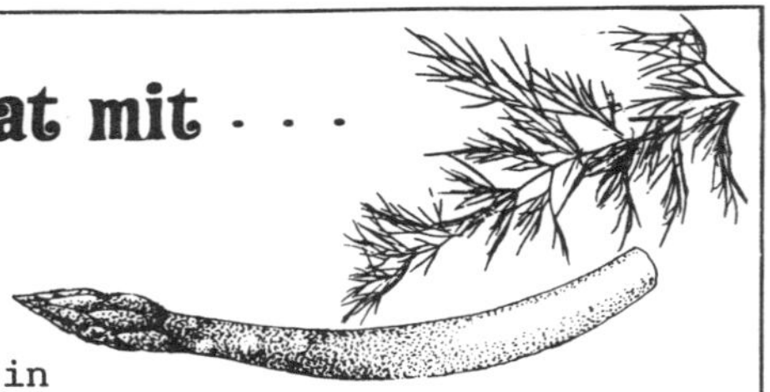

750 g Wildspargel **oder** Grün-Spargel-Spitzen	geputzt in
Salzwasser	garen, strahlenförmig auf 4 Teller verteilen, mit
Limonensaft	beträufeln, mit
weißem Pfeffer	bestreuen und
Maiskeimöl	darauftröpfeln.
500 g **Wildlachs**	in 3 cm Streifen schneiden, diese zu Röllchen drehen und zu Rösschen formen, in die Mitte plazieren, mit
Zitronenmelisse-Blättchen	umlegen. Schön und gut!

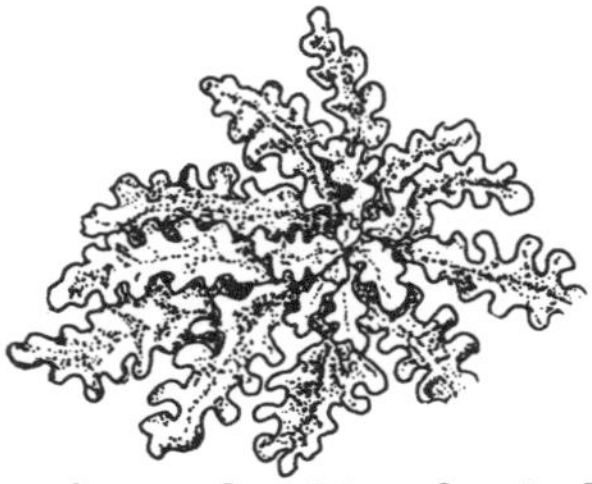

Lollo-Salat mit . . .

1 große Staude Lollo	ganz vorsichtig waschen und nur locker das Wasser abschütteln. In größere Stücke zupfen und in eine Schüssel geben. Den Salat mit einer leichten Sauce vermischen aus:
2-3 EL feinem Weinessig 5 EL Weißwein 1 TL Flüssigwürze 2-3 EL Sonnenblumen-**oder** Maiskeimöl.	
300-400 g **Flußkrebsschwänzchen**	(bereits gekocht) obenauflegen, mit
Schnittlauch-Röllchen	und feinstgehackter
Petersilie	bestreuen.

Thai-Salat

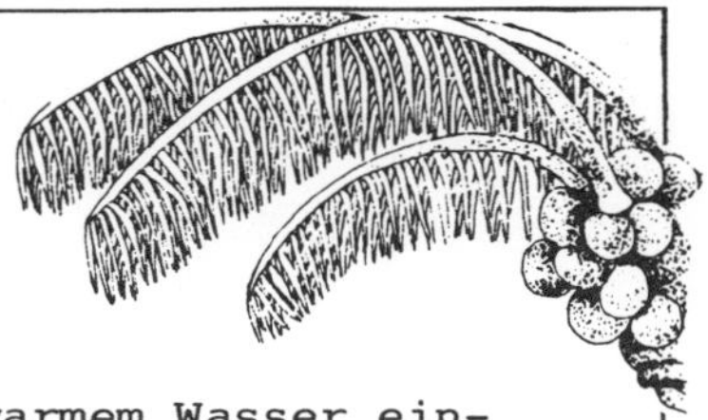

* 30 g Mu-Err-Pilze	
* 50 g Glasnudeln	und
* 100 g Mungobohnensprossen	getrennt in warmem Wasser einweichen.
1 L Gemüsebrühe	zum Kochen bringen.
* **400 g Hühnerbrüstchen**	in mundgerechte Stückchen schneiden, bei gelinder Hitze nur kurz garen, damit sie nicht trocken werden. Herausnehmen. Die Pilze ausdrücken, falls nötig, harte Stiele entfernen. Die Pilze sauber waschen, in der Hühnerbrühe 10 Min. garen.
* 1 Stange Lauch (35 cm)	in 3mm Ringe schneiden, waschen und zu den Pilzen geben, 5 Min. mitgaren. Den Inhalt von
1 kl. Dose Bambussprossen	abgetropft in 3mm Scheibchen schneiden, zufügen. Mit einer Schere die Glasnudeln auf mundgerechte Länge schneiden, mit den Mungobohnensprossen kurz durchziehen lassen. Alles aus der Brühe nehmen. Die Hähnchenteile zufügen und mit folgender Sauce übergießen:

Je 1/2 Tasse Reiswein und Brühe
1 TL Dajong, 1 TL Sojapilzsauce
1/2 TL Tom-Ka Paste hell sowie
4 EL Erdnussöl (alles aus einem ASIA Laden) gut verrühren.

Erkaltet auf einer schönen Platte servieren. Schälchen und Ess-Stäbchen beilegen.

Variation: Anstelle der Hühnerbrüstchen können auch mal Meeresfrüchte, wie Calamari, King Prawns etc. verwendet werden. Jedenfalls stets sehr fein!

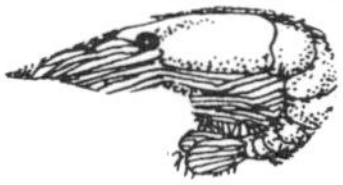

Feldsalat mit Papaya

200 g Feldsalat	falls nötig, von den kleinen Wurzeln befreien, erst lauwarm, dann kalt waschen. Vorsichtig ausschleudern. Die Röschen müssen ganz bleiben. In eine flache Schüssel oder tiefere Platte legen.
1 reife Papaya	schälen, halbieren, die schwarzen Samenkörner entfernen und die Frucht in kleine 1 1/2 x 1 1/2 cm Würfel schneiden, mit
Zitronensaft	beträufeln, auf den Salat verteilen.
	Mit folgender Sauce begießen:
2 EL Balsamico Essig	**oder** anderen guten
Rotweinessig	mit
1 EL Rotwein	
1 TL franz. Senf	glattrühren,
1 TL Flüssigwürze	zufügen und mit
3 EL Maiskeimöl	vermischt, über den Salat träufeln.
50 g Pinienkerne	in einem Pfännchen leicht anrösten und über das Ganze streuen.

Feldsalat mit . . .

Feldsalat wie oben beschrieben vorbereiten. Sauce angießen.

Ca. 300 g Hühnerleber	in Stücke schneiden. In
2 EL Butter und	
1 EL Öl	
* 3 Schalotten	geschält, in Längsscheibchen geschnitten, in der Butter glasig anlaufen lassen, die Leberstückchen zufügen und sanft garen ohne stark zu bräunen. Zum Schluß erst mit
Salz und Pfeffer	aus der Mühle, würzen. Vor dem Servieren heiß über den Salat verteilen. Sehr gut und schnell bereitet.

Heller Mischsalat mit . . .

Zunächst die Salatsauce bereiten:

2 EL trockenen Weißwein 3 EL Weißweinessig 1 Prise Salz 4 EL Öl (Samen- oder Keimöl) etwas Flüssigwürze	mit und nur leicht verrühren, damit die Sauce nicht zu schwer wird.
1 Kopfsalat 1/4 Lollo Rosso 1/4 Frisée	putzen, waschen, trocknen, schütteln. Locker auf Teller oder in eine Schüssel geben. Zugedeckt kaltstellen.
1 **Putenschnitzel** (180-250g)	waschen, abtrocknen, in Streifen schneiden, in einer Pfanne in
1-2 EL Butter oder Öl	schnell kurz anbraten.
* 100 g kleine Pfifferlinge	säubern, zufügen, mitbraten.
	Die Sauce über den Salat träufeln.
Salz und Pfeffer aus der Mühle	Das Gebratene mit abschmecken und warm aus der Pfanne darüber verteilen.
* 2 EL Petersilie	sehr klein geschnitten, anstreuen und gleich servieren.

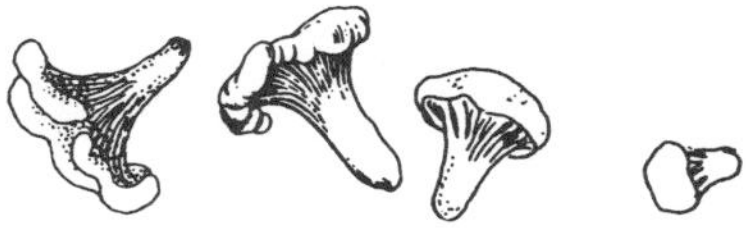

Melonen mit . . .

3 Hühnerbrüstchen	in
guter Brühe	sanft köcheln und dann erkalten lassen, in mundgerechte Stückchen schneiden. In eine Schüssel geben.
500 g Spargelspitzen (weiß)	schälen, auf ca. 6 cm große Stücke schneiden und ca. 15 Min. in der abgesiebten
Hühnerbrühe	(siehe oben) **oder** in
Salzwasser mit	
1 TL Zucker	bißfest garen, abgetropft erkalten lassen. Zu den Brüstchen geben. Ebenso
300 g kleine Champignons	aus dem Glas oder Dose, abgetropft zufügen. Von
1 kl. Dose feinster Erbsen	das Gemüsewasser ablaufen lassen und zu den anderen Zutaten geben.
2 Galia- **oder** Netzmelonen	quer halbieren, die Schale der 4 Hälften unten etwas abflachen, damit die Melonenhälften gut stehen. Melonenkerne mit einem Löffel entfernen. Mit einem kleinen Kugelausstecher Bällchen formen. Einen Rand von mindestens 3mm stehen lassen. Die Bällchen mit
4 EL Grand Marnier	begießen, etwas durchziehen lassen und zu den anderen Zutaten geben.
1/2 Becher süße Sahne	mit
1/2 TL Curry	und
2 EL Orangensaft	abschmecken, locker untermischen, in die Melonenhälften füllen und mit
roten Pfefferperlen	bestreuen.
	Auf 4 Teller - zur Dekoration - schöne, frische Blätter vom
Eichblattsalat	ausbreiten und je 1 Melonenhälfte daraufsetzen. Kühl servieren.

Feiner Zuckererbsen-Salat

400 g Schnee-Erbsen — (auch Kaiserschoten, Kefen oder Zuckererbsen genannt) entfädeln, waschen, abtrocknen, kurz in

Salzwasser — kochen, erkaltet auf 4 Teller sonnenförmig anordnen.

Eine sanfte Vinaigrette mit

1 TL Zitronensaft
2 EL Weißwein
1 TL Flüssigwürze und
3 EL Samen- oder Keimöl — vermischen, über die Schoten gießen und durchziehen lassen.

4 Eier — 10 Min. kochen, in kaltes Wasser legen, dann schälen und quer durchschneiden, Eigelb herausnehmen und durch kleines Lochsieb drücken. (Sogenannte Mimosen herstellen). Davon in die Mitte der Teller einen kleinen Kranz streuen. In die leeren Eihälften

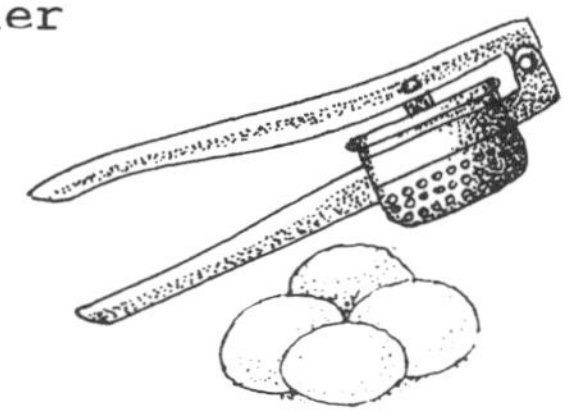

100 g Forellen - oder Keta - Kaviar — verteilen, diesen mit ein paar
Tropfen Zitronensaft — beträufeln, die Eier in die Mitte der Teller setzen und servieren.

Dies ist nicht nur eine köstliche, sondern auch attraktive Vorspeise. Sie kann auch mit Kenia-Böhnchen hergestellt werden.

Radicchio-Salat mit . . .

3 faustgroße Radicchioköpfe	**oder**
5 kleinere Köpfe	vom Strunk befreien, in
Salzwasser mit 1 EL Zucker	vermischt, waschen, trocken schütteln oder schleudern. Mit folgender Salatsauce zubereiten:
1 EL süßer Senf	mit
2 EL Rotweinessig, 2 EL Madeira,	
1 Orange,	den Saft von
1 Msp Zimt	und
3 EL Keim- oder Samenöl	gut verschlagen. Den Salat damit etwas durchziehen lassen. Dann die größeren Blätter gefällig auf 4 Teller verteilen, die Salatherzen klein geschnitten in der Mitte plazieren.
150 g **Rentierschinken oder Rehschinken oder Wildschweinschinken**	dünn geschnitten, zu kleinen Röllchen geformt im Kreis in die Mitte legen. Mit
50 g frische Walnußkerne	grob gehackt, und wenn es möglich ist, mit
4 EL frischen Preiselbeeren	bestreuen.

Chicorée-Salat mit . . .

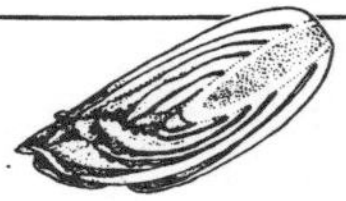

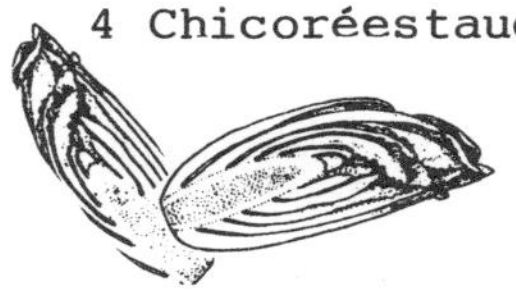

4 Chicoréestauden	von den äußeren Blättern befreien. Bei den neuen Sorten braucht der Strunk nicht mehr unbedingt entfernt werden. Die Blätter auf 4 Teller sonnenstrahlenförmig auslegen. Mit beliebiger Salatsauce begießen.
250 g Ochsenzunge	(gepöckelt), in 5mm dicke Scheiben schneiden lassen. Diese in 5mm breite Streifen schneiden.
* **2 Eier** 	10 Min. kochen, kalt abbrausen, kleinwürfelig mit 
2 mittelgroßen Cornichons **oder**	
2 Gewürzgurken	auch in kleine Würfel geschnitten und
2 EL Kapern	mit
1 EL süßen Senf	und
3 EL Brühe	vermischen. Die Zungenstreifen in die Mitte plazieren. Mit der Senf-Eiersauce begießen.
Schnittlauch	anstreuen und guten Appetit wünschen.

Ruccola-Salat

Dieser Salat ist bei uns relativ neu und erfreut sich wegen seines würzigen Geschmacks großer Beliebtheit. Ob separat oder in einem Mischsalat serviert, immer sehr schmackhaft.

400 g Ruccola	waschen wie üblich, vorsichtig ausschleudern, zu lange Stiele etwas kürzen. In eine tiefere Platte legen.
250 g Cocktail-Tomaten	gewaschen,getrocknet, halbiert darauflegen. Übriggebliebenes
Eiweiß	können Sie jetzt ggf. verwenden, wenn Sie es kurz -ohne zu bräunen- in
Butter	garen und in Streifen geschnitten auf den Salat geben.
30-50 g Sbrinz **oder**	anderen
milden Käse	hobeln und die Späne anstreuen.
50 g Pinienkerne	leicht geröstet, darübergeben. Mit "Unserer Haussauce" S.166 begießen.

Avocado mit ...

2 reife Avocados	halbieren, mit Kugelausstecher **kleine** Bällchen formen. Einen Rand von 3mm belassen. Mit
Zitronensaft **oder** Orangensaft	beträufeln.
300 g **Krabben**	abbrausen, trockengeschüttelt mit folgendem Dressing locker vermischen:
150 ml süße Sahne	nur leicht schlagen,
1 EL Cognac 1/4 TL Tabasco 1/2 TL Flüssigwürze	zufügen. Die Krabben und die Avocado-Bällchen unterheben. Die Mischung in die Avocadohälften füllen, obenauf mit kleingehacktem
frischen Dill	bestreuen. Auf ein "Bett" von angemachtem
gelben Frisée-Salat	setzen.

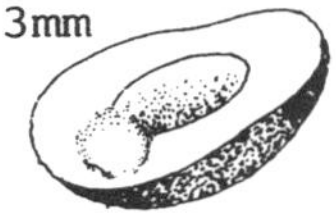

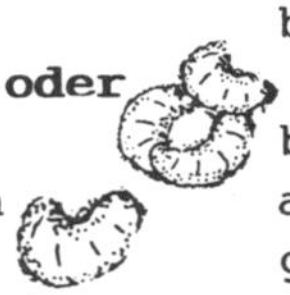

Variation:
Einmal die Sauce ändern. Anstelle von süßer Sahne Joghurt verwenden. Die Krabben nur mit Vinaigrette natur und die Avocado-Bällchen mit Zitrone beträufelt, vermischen. Sie können auch die Avocado-Hälften mit feinem Gemüsesalat füllen. Sehr fein!

Chicorée „spezial"

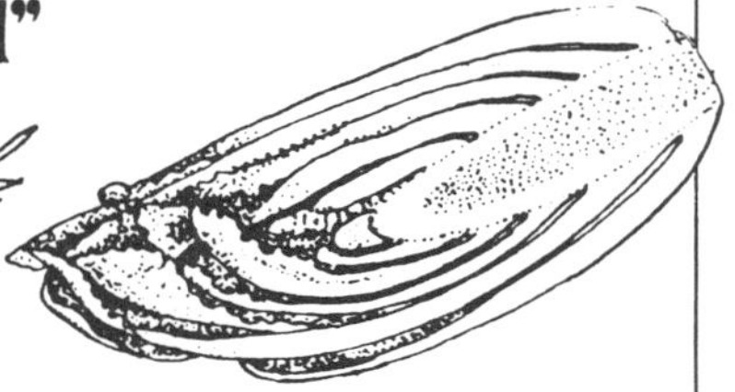

Sud herstellen aus dem Saft von 1/3 Tasse Zitronensaft 1 Tasse Weißwein 1/2 TL Salz 1 Lorbeerblatt 3/4 Tasse Öl 1 kl. Zweiglein Rosmarin.	Zugedeckt 10 Min. kochen, Lorbeerblatt und Rosmarin entnehmen.
4 Chicorée Stauden	halbieren, im Sud nur ganz kurz ziehen lassen. Auf eine Platte mit Schnittseite nach oben legen, mit
roten Pfefferperlen	(Baises Roses) bestreuen und mit Sud beträufeln. Diese Art Chicorée paßt gut neben Tomaten-Fenchelsalat serviert.

Anhang

Nährwert-Tabelle

Lebensmittel-Bezeichnung 100 g gebrauchsfertige Ware enthalten:	Kilo-Joule	Eiweiß g	Fett g	Kohlehydrate g
Ackersalat	92	1,8	0,4	2,8
Äpfel (frisch)	243	0,3	0,4	15,0
Artischocke	256	2,4	0,14	12,2
Aubergine	107	1,2	0,2	4,6
Austernpilze (Pleurotus Ostreatus)	105	2,56	0,43	6,5
Avocado	1012	1,9	23,5	3,4
Bananen	395	1,3	0,4	24,0
Bataten	449,4	1,4	0,4	24,0
Baumtomate (Tamarillo)	212			12,5
Blaukraut	115	1,5	0,2	4,7
Blumenkohl	119	2,5	0,3	3,9
Bohnen (grüne)	140	2,3	0,3	5,0
Bohnenkerne (weiß)	1478	21,3	1,6	57,6
Brennessel	79,8	3,0	-	-
Broccoli	139	3,3	0,2	4,4
Brunnenkresse	88	1,6	0,3	22,0
Champignons	100	2,7	0,2	3,0
Chicorée	67	1,3	0,2	2,3
Chinakohl	67	1,2	0,3	1,9
Ciboulетti	27	1,8	0,4	4,0
Dill	160	2,5	0,5	0,6
Eisbergsalat	63	4,0	-	4,0
Endiviensalat	72	1,75	0,2	2,05
Erbsen	365	6,5	0,5	12,6
Erdkohlrabi (Steckrübe)	147	1,16	0,16	7,3
Escarol	72	1,75	0,2	2,05
Feldsalat	92	1,8	0,4	2,8
Fenchel (Gemüse)	209	2,4	0,3	9,1
Feuerbohnen	1478	21,3	1,6	57,6
Frisée	72	1,75	0,2	2,05

Vitamine				Mineralstoffe				
A	B_1 mg	B_2 mg	C mg	Na mg	Ka mg	Ca mg	P mg	Fe mg
7000 IE	65	80	35	4	421	35	49	2,0
90	0,04	0,02	5	2	116	6	10	0,3
167 IE	0,14	0,012	7,6	47	353	53	130	1,5
50 IE	0,04	0,05	5	6,1	266	13,1	21,4	0,4
290 IE	0,08	0,15	13	3	503	10	38	0,6
430	0,09	0,06	10	0,5	420	8	28	0,6
7700 IE	0,08	0,06	15	56	480	84	120	7
70 IE	0,07	0,05	50	4	266	35	30	0,5
55 IE	0,11	0,10	70	16	328	20	54	0,6
520 IE	73	140	19,5	1,7	256	51	37	0,8
65	0,46	0,16	2,5	2	1,3	106	429	6,1
		40	25	18	316	190	61	
1,9 mg	95	2,10	114	13	464	105	82	1,3
2,7 mg	85	1,70	51	12	276	180	63	3,14
	100	4,40	4,9	8	422	8	123	1,3
2150 IE	51	33	10,2	4,4	192	26	26	0,74
	30	40	36	6,7	202	40		0,6
6500	0,12	+	25	38	260	120	57	3
			200	160	400	390	350	12
0,8	62	78	13	11	226	38	34	1,2
1,14mg	52	120	9,4	53	346	54	54	1,4
0,4 mg	30	160	25	2	304	24	108	1,84
	50	58	33	10	227	47,5	31	0,45
1,14mg	52	120	9,4	53	346	54	54	1,4
7000 IE	65	80	35	4	421	35	49	2`
4,7 mg	230	110	93	86	494	109	51	2,7
65	0,46	0,16	2,5	2	1,3	106	429	6,1
1,14mg	52	120	9,4	53	346	54	54	1,4

Lebensmittel-Bezeichnung 100 g gebrauchsfertige Ware enthalten	Kilo-Joule	Eiweiß g	Fett g	Kohlehydrate g
Gartenkresse	193	4,2	1,4	4,1
Grünkohl	209	4,3	0,9	5,1
Gurke	42	0,6	0,2	1,3
Honigmelone	117	1,1	0,1	5,5
Hopfensprossen	84	2,6	0	2,4
Joghurt (mager - 1,5 %)	209	3,5	1,6	4,7
Kapuzinerkresse	88	1,6	0,3	22,0
Karotten	146	1,0	0,2	7,3
Kartoffel	365	2,0	0,11	18,5
Kohl	25	1,6	0,1	5,7
Kohlrabi (Knollen)	109	1,9	0,1	4,5
Kohlrabi (Blätter)	120	3,1	0,4	5,4
Kohlrüben	147	1,16	0,16	7,3
Kopfsalat	67	1,3	0,2	2,2
Kürbis	117	1,1	0,1	5,5
Lauch (Blätter)	27	1,8	0,4	4,0
Lauch (Knollen)	37	2,4	0,2	6,0
Linsen	1499,4	25,7	1,0	59,2
Löwenzahnblätter	197	2,5	0,6	7,5
Mais	449	3,3	1,23	19,2
Mangold (Grün)	96	2,1	0,3	2,0
Mangold (Stiele)				
Maniok	449	1,4	0,4	24,0
Meerrettich	319	2,8	0,3	15,3
Möhren	146	1,0	0,2	7,3
Okraschoten	140	2,0	-	6,0
Ostergruß	84	1,05	0,15	3,85
Papaya	165	1		9
Paprika (gelb)	117	1,8	0,3	4,7

Vitamine				Mineralstoffe				
A	B_1 mg	B_2 mg	C mg	Na mg	Ka mg	Ca mg	P mg	Fe mg
2,2	150	190	59	5	550	214		
4,1	100	250	105	42	490	212	87	1,9
0,2	18	30	10	9	141	15	23	0,5
2,0	47	65	9	1	383	22	44	0,8
-	-	-	—	70	200	100	600	20
0,03	35	70	1,6	45	149	114	87	0,04
2,7 mg	85	1,70	51	12	276	180	63	3,14
8,1	67	55	57	43	282	35	31	0,7
	110	47	17	3,2	443	9,5	5,0	0,8
100	0,06	0,05	40-70**	18	294	43	23	0,6
0,3	53	49	53	10	392	75	50	0,9
9540	0,10	0,56	136	10	440	259	50	1,5
-	50	58	33	10	227	47,5	31	0,45
0,8	62	78	13	10	224	37	33	1,1
2,0	47	65	9	1	383	22	44	0,8
6500	0,12	+	25	38	260	120	57	3
6500	0,9	+	20	80	200	58	130	41
50 IE	0,5	0,32	0	3	1200	107	438	8,6
7,9	190	170	30	76	440	158	70	3,1
-	150	120	12	0,3	300	5,8	114	0,55
3,53	98	160	39	90	376	103	39	2,7
7700 IE	0,08	0,06	15	56	480	84	120	7
33 IE	140	110	110	9	550	105	65	1,4
8,1	67	55	57	43	282	35	31	0,7
-	-	-	-	-	-	-	-	-
-	30	30	29	18	322	33	29	0,8
0,6	60	50	150	1,75	212	11,2	29	0,7
4,1	60	50	150	1,75	212	11,2	29	0,7

Lebensmittel-Bezeichnung 100 g gebrauchsfertige Ware enthalten	Kilo-Joule	Eiweiß g	Fett g	Kohlehydrate g
Paprika (grün)	117	1,8	0,3	4,7
Paprika (rot)	117	1,8	0,3	4,7
Pastinaken	290	1,3	0,4	15,0
Petersilie	252	3,7	1,0	9,0
Pfefferschote (grün)	24	1,2	0,2	5,3
Pfifferlinge	59	1,0	+	2,0
Pflücksalat	67	1,3	0,2	2,2
Porrée	160	2,3	0,3	6,3
Quark (mager)	368	17,2	0,5	1,8
Radieschen	80,6	1,1	0,14	3,5
Rettich (schwarz)	84	1,05	0,15	3,85
Rettich (weiß)	84	1,05	0,15	3,85
Romana	72	1,75	0,2	2,05
Rosenkohl	70	4,45	0,6	71,0
Rote Bete	155	1,5	0,1	7,6
Runkelrüben	139	1,6	0,1	9,6
Sahne (saure)	531	3,1	10,5	4,0
Sahne (süße)	1255	2,2	30	2,9
Sauerampfer	117	2,2	0,4	3,6
Sauerkraut	109	1,5	0,3	4,0
Schnittlauch	230	3,6	0,7	8,4
Schwarzwurzel	310	1,4	0,4	16,3
Sellerie (Knollen)	158	1,5	0,3	7,3
Sojabohnensprossen	120			
Spargel (grün)	84	1,9	0,1	2,9
Spargel (weiß)	84	1,9	0,1	2,9
Spinat	88	2,2	0,3	3,9
Speck (durchwachsen)	2753	9,1	65	0
Staudensellerie	88	1,2	0,2	3,6
Steckrüben (Erdkohlrabi)	147	1,16	0,16	7,3
Steinpilze	142	2,8	0,4	4,8

Vitamine				Mineralstoffe				
A	B_1 mg	B_2 mg	C mg	Na mg	Ka mg	Ca mg	P mg	Fe mg
4,1	60	50	150	1,75	212	11,2	29	0,7
4,1	60	50	150	1,75	212	11,2	29	0,7
+	80	130	18	8	469	51	73	0,6
1800		-	189	28	880	190	80	3,2
630	0,07	0,04	120	0,5	186	11	25	0,4
+	0,01	0,15	2	2		5	25	3,9
0,8	62	78	13	10	224	37	33	1,1
-	100	60	30	5	225	87	46	1,0
	40	310	1	36	95	71	189	-
-	33	30	29	17	225	34	26,4	1,5
	30	30	29	18	322	33	29	0,8
-	30	30	29	18	322	33	29	0,8
1,14mg	52	120	9,4	53	346	54	54	1,4
0,5	110	160	104	7	411	29	1,1	86
180 IE	22	40	10	86	340	30	45	0,9
6	0,03	0,04	5,5	110	350	30	37	1,0
300 IE	30	160	1	40	130	100	85	0,1
1050 IE	25	170	1	28	78	75	63	
3,5 mg	-	-	47	4,2	362	54	71	8,4
-	27	50	20	335	288	48	43	0,6
500 IE	140	150	47	3,0	430	129	75	1,9
25 IE	36	70	8	5	320	53	76	1,5
-	36	70	8,2	77	321	68	80	0,5
0,03	0,11	0,12	23	4	207	21	46	1
0,03	0,11	0,12	21	4	207	21	46	1
6000	0,08	0,2	21,5	84	489	87	45	3,0
-	430	140	0	1770	225	9	108	0,8
-	48	76	7	132	344	80	48	0,5
-	33	370	2	3	270	1	70	0,6

Lebensmittel-Bezeichnung 100 g gebrauchsfertige Ware enthalten	Kilo-Joule	Eiweiß g	Fett g	Kohlehydrate g
Tomaten (rot)	79	0,9	0,2	3,3
Tomatenketchup	217	2,0	0,4	24,5
Tomatenpaprika	117	1,8	0,3	4,7
Wachtelbohnen	1400	21,0	1,6	56,0
Weinkraut	109	1,5	0,3	4,0
Weißkraut	100	1,4	0,2	4,2
Wildreis	1553	7,0	2,0	75,0
Wirsing	138	2,9	0,4	4,4
Yam	449	1,4	0,4	24,0
Zichoriensalat	67	1,3	0,2	2,3
Zucchini	117	1,0	+	5,5
Zuckererbsen	365	6,5	0,5	12,6
Zuckermais	449	3,3	1,23	19,2
Zwiebel (lila)	188	1,2	0,2	9,5
Zwiebel (weiß)	188	1,2	0,2	9,5
Öle:				
Distelöl (100 ml)	3500	0	99,9	0
Erdnußöl	3870	0	99,4	0,2
Maiskeimöl	3891	0	100,0	0
Olivenöl	3879	0	99,6	+
Sonnenblumenöl	3883	0	99,8	+

Vitamine				Mineralstoffe				
A	B_1 mg	B_2 mg	C mg	Na mg	Ka mg	Ca mg	P mg	Fe mg
1000 IE	57	35	24	6	300	14	26	0,5
1800	0,09	0,07	28	1300	800	40	54	2,0
4,1	60	50	342	1,75	212	11,2	29	0,7
60	0,46	0,16	2,5	2	1,3	106	429	6,1
-	27	50	20	355	288	48	43	0,6
70 IE	48	43	46	13	230	46	27	0,5
-	-	-	-	10		23	325	2,6
65 IE	50	57	45	9	280	47	56	0,5
7700 IE	0,08	0,06	15	56	480	84	120	7
2150 IE	51	33	10,2	4,4	192	26	26	0,74
0,4 mg	30	160	25	2	304	24	108	1,84
-	150	120	12	0,3	300	5,8	114	0,55
50 IE	35	30	12	9	174	30	42	0,5
50 IE	33	28	8	9	175	31	42	0,5
7000 IE	Vit. E	-	-	-	-	-	-	-
-	-	-	-	-	-	-	-	0,1
0,14	-	-	-	1	1	15	-	1,3
30 IE	-	-	-	+	+	0	0	0
-	-	-	-	+	+	+	+	0,03

Na Natrium
Ka Kalium
Ca Calzium

P Phosphor
Fe Eisen
IE Internationale Einheit

\- nicht angegeben
\+ Nährstoff ist nur in Spuren enthalten

Literatur

für die Nährwerttabelle:
S.W.Souci-W.Fachmann und H.Kraut
" Die Zusammensetzung der Lebensmittel". Band 1 und 2
Wissenschaftlicher Verlag Stuttgart.

S. W. Souci-H. Bosch
Lebensmitteltabelle,Nährwertberatung.
Wissenschaftlicher Verlag Stuttgart.

Prof.Dr.W. Wirths
"Kleine Nährwerttabelle d. D.Gesellschaft für Ernährung E. V.
27.Auflage 1977 Umschau Verlag Frankfurt/Main

"Kalorien mundgerecht"
Ernährungsberatung Nestle Gruppe.
Umschau Verlag Frankfurt/Main

Die Zusammenstellung erledigte freundlicherweise die Abtlg.
Ernährung der Verbraucherzentrale 8ooo München.

Außerdem:
Ungarisches Zentrales Forschungsinstitut für Lebensmittel-industrie (KEKI) Budapest 1971

J.Angerer:"die Krebsgefährdung durch unsere täglichen Nahrungsmittel".Verlag T.Marczell,München
Prof. Dr.Halden:" Gesunde Ernährung" Leopold Stocker Verlag Graz- Stuttgart
Dr.med.Robert G. Jackson:" Nie mehr krank sein". bearbeitet und herausgegeben von Dr.Ralph Bircher Albert Müller Verlag Zürich.

Alphabetisches Register

Eigene Rezepte

Eigene Rezepte

Eigene Rezepte

Bücher aus dem Verlag Olli Leeb

Band 1

Die feinsten Plätzchen-Rezepte
gesammelt von Olli Leeb

Das spezielle Backbuch für Plätzchen, Lebkuchen, Guetzli und Konfekt. Ausgezeichnet mit der Silbermedaille der Gastronomischen Akademie Deutschlands. Farbfotos, viele Zeichnungen und Schutzklappen für die Buchseiten.

190 S. ISBN 3-921799-98-8

Band 2

Köstlich frische Salate
von Olli Leeb

Das erste Salatbuch, das sich mit allen gewachsenen Salatsorten befaßt, nach Farben geordnet. Nährwerttabelle, exklusive Farbfotos von Christian Teubner und viele Zeichnungen. Schutzklappen für die Seiten.

ISBN 3-921799-89-0

Band 3

Ausgewählte Desserts
von Olli Leeb

Feine Rezepte für jeden Geschmack und jede Linie. Nach Farben der verwendeten Früchte geordnet. Farbfotos und reich illustriert.
Mit Nährwerttabelle. Schutzklappen für die Buchseiten.

198 S. ISBN 3-921799-84-8

Band 4

Käse selber machen
von W. W. Windisch und Olli Leeb

Ein Set enthaltend: Buch mit Anleitungen und Rezepten zur Käseherstellung im Haushalt. Beigegeben in einer Klappe eingeblistert sind Minikäserei-Werkzeuge, Thermometer und Labtabletten. Alles zusammen in einem schmucken Schuber verpackt.

ISBN 3-921799-82-1

Band 5

Bayerische Leibspeisen
zusammengetragen von Olli Leeb

300 typische Rezepte aus Altbaiern, Franken und Schwaben. Für In- und Ausländer leicht nachzukochen. Kleine Bayernkunde und Bayerischer Kalender enthalten. Farbfotos und viele Zeichnungen.

172 S. ISBN 3-921799-80-5

Band 6

Schnell was Feines
von Olli Leeb

Natürlich frisch, für Dich und mich …
Ein praktisches Rezeptbuch für Vielbeschäftigte, für den Minihaushalt, für Studenten und Senioren. Mit vielen Anregungen und Tips. Kalorientabelle. Alphabetische Anordnung der Rezepte. Schöne Farbfotos (Studio Teubner) und Zeichnungen. Schutzklappen für die Buchseiten.

212 S. ISBN 3-921799-81-3

Band 7

Von früh an fit mit Nico's Kinderküche
von Olli Leeb

Anhand dieses Buches können sich Buben und Mädchen ab 10 Jahren selbständig ein gesundes, schmackhaftes Essen bereiten, zur Entlastung der berufstätigen Mutter. Auch für erwachsene Anfänger geeignet.

80 S. ISBN 3-921799-87-2

Band 8

Eva kocht für Adam
Adam kocht für Eva
natürlich vollwertig
Von Olli Leeb

Für beide in einem Buch: Feine, vegetarische und Fischrezepte, die leicht nachzukochen sind. Gut geeignet für junge, berufstätige Paare, aber auch für Senioren, die bewußt essen möchten. Nach neuesten Erkenntnissen auf dem Gebiet Ernährung konzipiert. Ein ideales Buch für die Zeit nach dem Fasten. Schöne Fotos und viele Zeichnungen. Mit Schutzklappen für die Seiten.

180 S. ISBN 3-921799-78-3

Band 9

Kuchen
von Olli Leeb

Jede Menge köstliche Kuchen: Hefeteig-Kuchen, Mürbteig-Kuchen, Biskuit-Kuchen, Rührteig-Kuchen, Strudelteig und Blätterteig, auch Kuchen ohne Backen und alternative Kuchen. Schöne Farbbilder und Zeichnungen. Schutzklappen für die Seiten.

158 S. ISBN 3-921799-70-8

Band 10

Rezept-Auslese
aus dem Fundus von Olli Leeb

Exquisite Rezepte mit schönen Fotos und reich illustriert.

196 S. ISBN 3-921799-68-6

Band 11

Bavarian Cooking
assembled by Olli Leeb

Over 300 recipes of Old Bavaria, Franconia and Swabia, easy to prepare at home. Aside from typical Bavarian specialities please note information about Bavaria, the Bavarians and their customs. Also included you will find color photos and numerous illustrations.

172 p. ISBN 3-921799-85-6

Band 12

My favorite Cookies from the Old Country
Loved Recipes assembled by Olli Leeb

A very special collection of recipes for cookies, biscuits, gingerbread and confection. Silver Medal awarded by the German Academy of Gastronomy. Color photos and about 500 illustrations.

190 p. ISBN 3-921799-97-X

Band 13

Der Fleck muß weg
von Olli Leeb

Ein informatives Handbuch zur Pflege, Wäsche und Reinigung edler Textilien und Lederkleidung. Mit genauer Materialkunde. So leben Ihre guten Stücke länger!

ISBN 3-921799-86-4

Band 14

Garment Care
by Olli Leeb

Laundering and Cleaning of Exclusive Fabrics and Leather. Stain Removal made easy.
ISBN 3-921799-83-X